Hermanos Álvarez Quintero

Doña Clarines
y Mañana de Sol

Barcelona **2024**
Linkgua-ediciones.com

Créditos

Título original: Doña Clarines.

© 2024, Red ediciones S.L.

e-mail: info@linkgua.com

Diseño de cubierta: Michel Mallard

ISBN tapa dura: 978-84-1126-113-5.
ISBN rústica: 978-84-9953-061-1.
ISBN ebook: 978-84-9953-060-4.

Cualquier forma de reproducción, distribución, comunicación pública o transformación de esta obra solo puede ser realizada con la autorización de sus titulares, salvo excepción prevista por la ley. Diríjase a CEDRO (Centro Español de Derechos Reprográficos, www.cedro.org) si necesita fotocopiar, escanear o hacer copias digitales de algún fragmento de esta obra.

Sumario

Créditos _____ **4**

Brevísima presentación _____ **7**
    La vida _____ 7

Comedia en dos actos _____ **9**

Personajes _____ **10**

Acto primero _____ **11**

Acto segundo _____ **57**

Libros a la carta _____ **103**

Brevísima presentación

La vida

Serafín Álvarez Quintero (Utrera, 1871-Madrid, 1938) y Joaquín Álvarez Quintero (Utrera, 1873-Madrid, 1944)
Escribieron obras teatrales inspiradas en el costumbrismo andaluz llevado al teatro.

Antes de los veinte años, comenzaron a escribir en colaboración piezas teatrales que se representaban en el patio de su casa. En 1889, el mismo año en que su farsa Esgrima y amor se representaba en el teatro Cervantes de Sevilla, se instalaron en dicha ciudad, donde vivieron durante algún tiempo con los sueldos de unos modestos empleos en Hacienda.

Pronto fueron populares: en 1897 presentaron dos obras en un acto, El ojito derecho y La reja, y al año siguiente La buena sombra.

Los hermanos Álvarez Quintero son un caso peculiar de colaboración artística y de comunión espiritual; siendo muy distintos en apariencia física y carácter, Serafín era más abierto y locuaz; y Joaquín más cerrado y silencioso, trabajaron juntos durante todas sus vidas.

Comedia en dos actos
Estrenada en el Teatro Lara el 5 de noviembre de 1909.

A Francisco Bravo Ruiz

Grande amigo de personajes extraordinarios, a quien debemos el sabroso trato de doña Clarines y con él la feliz inspiración de esta comedia.

Los más vulgares de sus amigos,

Personajes

Doña Clarines
Marcela
Tata
Daría
Miguel
Don Basilio
Luján
Escopeta
Crispín

Acto primero

Estancia preferida de doña Clarines en el piso principal de su casa de Guadalema, ciudad castellana. A la derecha del actor, en primer término, la puerta de las habitaciones de la señora. Inmediata a esa puerta, de frente al público, vetusta galería de cristales, con zócalo de madera tallada que da al jardín, y la cual, avanzando hasta el medio de la escena, cierra en ángulo recto con la pared del foro.—Una puerta a la izquierda del actor y al foro otra. Lo mismo éstas dos que la de las habitaciones de doña Clarines son de cristales y tienen mediopuntos.—En el suelo, que es de losas encarnadas, y en primer término de la izquierda, una mirilla de madera para ver desde arriba la gente que llega al portal, y cerca de ella, también en el suelo, una argolla atada al extremo del cordel que sirve para abrir el portón sin tener que bajar escaleras.—Muebles antiguos, pero ricos y bien cuidados. Algunos retratos al óleo, de familia, decoran las paredes. Es de noche. Una lámpara que fue primero de petróleo, luego de gas y ahora es de luz eléctrica, alumbra la estancia. La luz de la Luna platea las copas de los árboles del jardín, que asoman tras los cristales de la galería.

La escena está Sola. Dentro, lejos, en el piso bajo, óyese ladrar a Leal, el perro de doña Clarines, anunciando que alguien llega a la puerta. Por la del foro aparece Tata, vieja desdentada y ruinosa, pero activa y despierta, pies y manos de doña Clarines y su admiradora incondicional.

Tata   ¡Calla, Leal, calla! Con este perro no hemos menester campanilla. ¡Calla ya, escandaloso! Calla el perro. Tata se asoma a la mirilla. ¿Quién es? ¡Ah! Don Basilio con el amigote que esperábamos. Haga el Señor que no tengamos toros y cañas con el tal amigote. Tira del cordel para abrir.

Sale Escopeta por la puerta de la derecha. Escopeta es un mozo andaluz, criado reciente de la casa. En la mano trae una botella de la botica, llena de agua al parecer.

Escopeta	Pos, señó, güeno está. Oiga usté, Tata.
Tata	¿Qué hay con Tata?
Escopeta	Las señoras de Guadalema, ¿son todas como doña Clarines?
Tata	¡Qué disparate! Lo que quisieran las señoras de Guadalema era saberla descalzar. ¡Aaaaah! ¡Doña Clarines! Doña Clarines no hay más que una...
Escopeta	Más vale. Porque si no, era cosa de pitá otra vez pa mi tierra y dejá a Guadalema y a toa Castiya na más que pa vení cuando hubiera festejos.
Tata	¿Pues?
Escopeta	¿Er criao que estuvo en la casa antes que yo, duró mucho ar servisio de la señora?
Tata	Seis días escasamente. Era muy casquivano y muy gandul.
Escopeta	¿Y er de antes?
Tata	El de antes no duró sino tres. Aquel era muy poquita cosa. Se asustaba de todo.
Escopeta	¡Es que se asusta er Sí Campeadó! ¿Usté sabe los mandaos que esta señora quié que uno le yeve a to er mundo?

Tata	¿No he de saberlo? ¡Aaaaah! Y que o se dicen las razones como ella las da, ce por be, o por la puerta se va a la calle. ¡Es mucha señora!
Escopeta	¿Pos sabe usté lo que se me ocurre? Que en lugá de un criao debía tené un piquete de infantería.
Tata	Poco murmurar, ¿eh?
Escopeta	No es murmurá, señora; es que ahora me ha mandao que me yegue a la botica con esta boteyita que traje pa la señorita Marsela, y que le diga ar boticario: «De parte de doña Clarines, que no es esto lo que eya ha pedío; que agua der poso ya tiene eya bastante en su casa, y que se vaya usté a robá a Despeñaperros.»
Tata	Riéndose. ¡Aaaaah! Oyéndola estoy.
Escopeta	¡Y yo estoy oyendo ar boticario!
Tata	Pues así lo ha de decir usted si no quiere perder la casa.
Escopeta	¿No le daría iguá por escrito?
Tata	Ande, ande a su obligación y déjese de más discursos.
Escopeta	¿Qué se le va a hasé? Vamos a que me tire un mortero er tío ese. Peó fuera no verlo. Se marcha por la puerta del foro hacia la izquierda, canturreando y contoneándose.

Tata	¡Ay! Muy zaragatero eres tú para hacer los huesos duros en esta casa.

Por la misma puerta que se ha ido Escopeta, salen Don Basilio y Luján. Don Basilio, hermano de doña Clarines, es un señor de ojos vivos y cabeza inquieta, señal de poco peso. Viste con desaliño. Luján, antiguo amigo suyo, es hombre de pesquis, un tanto socarrón y de espíritu reposado y tranquilo. Viene en traza de haber caminado a caballo unas leguas. La edad de uno y otro anda alrededor del medio siglo.

Don Basilio	Pasa, Isidoro.
Luján	Buenas noches.
Tata	Buenas las tenga usted, señor mío.
Don Basilio	¿Y mi hermana, Tata?
Tata	También son ganas de preguntar lo que sabe usted de memoria: en sus habitaciones.
Don Basilio	A Luján. ¿Quieres verla?
Luján	Si no ha de servirle de molestia, con mucho gusto. Mirando un cuadro. ¿Este retrato es de tu padre?
Don Basilio	Sí; ése es papá. Papá recién casado. Como yo lo conocí mucho después, no puedo apreciar si se parece. ¡Je! A Tata, mientras Luján ve los otros cuadros y observa el jardín. Bueno, tú, llégate y dile a doña Clarines que aquí está ya mi amigo el señor Luján, que desea saludarla.

Tata	Bajo a don Basilio. ¡Va a Soltar una descarga de fusilería!
Don Basilio	Lo mismo, a Tata. ¡Ya lo sé! Pero si no es ahora será luego más tarde!
Tata	Ah, bien, bien. Por mí no ha de quedar.—Con permiso, buen caballero. Vase por la puerta de la derecha.
Luján	¿Quién es esta vieja escamona?
Don Basilio	¡Tata! La tradición, como quien dice. Nos ha visto nacer a todos. Ya la infeliz no es más que una de tantas ruinas en este viejo caserón de los Olivenzas. ¡Pobre caserón! Por mucho que lo cuido, y lo revoco, y lo aderezo, se viene abajo, como la familia.
Luján	¡Pues tú no te conservas mal!
Don Basilio	¿Y me lo dices tú, que estás hecho un pollo?
Luján	Sí lo estoy, sí. Para la edad que tengo... Pero eso no quita... Desde que resolví que nada me importase nada, en vista de que lo contrario me afectaba al hígado, marcho como unas perlas.
Don Basilio	Es verdad. Quince años hacía que no te echaba la vista encima y, lo que es en lo exterior, apenas si han dejado huellas.
Luján	Me las arranca mi mujer.
Don Basilio	¡Ah, carape! Secretos del hogar.

Luján	Sí. Tú, en cambio, te las tiñes. Ya lo he visto.
Don Basilio	Secretos del tocador.
Luján	¡Secreto a voces!
Don Basilio	Chico, hay que defenderse. No me resigno a la vejez de la cabeza, cuando tengo el corazón entrando en quintas. Pero siéntate, galopín.
Luján	Obedeciéndolo. Cansadillo estoy. Mi caballejo tiene un trotecillo que desbarata. En mal hora se le ocurrió a don Rodrigo ponerse neurasténico, y a su familia llamarme a mí a consulta. Me he vuelto poltrón. No me gusta salir de mi casa.
Don Basilio	¿Y querías irte a parar a un fonducho? ¡Ca, hombre, ca! Los días que estés en Guadalema, en mi casa vives.
Luján	Dios te lo pague. La comida de las fondas me aterra. Las camas me espantan. Sobre todo en cuanto empieza Mayo. En fin, que te agradezco muy de veras tu hospitalidad.
Don Basilio	No se hable más de ello. ¿Qué tal te va en ese poblacho?
Luján	Tan bien como en otra parte cualquiera. Todo está en todo. Estoy decidido a vivir a gusto.
Don Basilio	¿Te quedan gajes, además de la titular?

Luján	No faltan. El pueblo es rico, la gente no es de la peor... me quieren...
Don Basilio	¿Hay muchos enfermos?
Luján	Muchos: pero los voy matando a casi todos.
Don Basilio	¿Entonces cómo te quieren tanto?
Luján	Porque elijo bien. ¿A quién no le sobra un pariente?
Don Basilio	¡Ja, ja, ja! Veo que también conservas aquellas tus salidas chuscas de mozo. Reparando en Tata, que se acerca. Ahora verás.
Luján	¿Cómo?
Don Basilio	Que ahora verás.
Sale Tata	
Tata	Aquí estoy ya de vuelta. Encarándose con Luján. Bueno, señor: es costumbre de la señora que sus servidores demos los recados a todas las personas de la misma forma que ella los da.
Luján	Bien. Me parece muy bien.
Don Basilio	¿Tú le has dicho?...
Tata	Yo le he dicho que había llegado y que tenía gusto en saludarla su amigo de usted el forastero.
Don Basilio	¿Y qué te ha contestado ella?

Tata	Que dime con quien andas, te diré quién eres. Que está en el oratorio, y que no sale porque no quiere ver visiones. Y que mañana con la luz del Sol tendrá usted mejor vista. Con permiso. Se va por la puerta del foro hacia la derecha.

Luján la mira fijamente, un poco estupefacto, sin dar crédito a lo que oye. Don Basilio traga alguna saliva. Pausa.

Luján	¿Qué es esto, Basilio?
Don Basilio	Isidoro, abrázame.
Luján	Basilio, ¿qué es esto?
Don Basilio	Abrázame, Isidoro.
Luján	¿Por qué no?
Don Basilio	Eres el rigor de las desdichas.
Luján	En los cuarenta y nueve años que tengo, no me ha ocurrido cosa igual. ¿Quieres explicarme?...
Don Basilio	¡Ay, querido Isidoro! No solo has venido a Guadalema a que te fría la sangre la familia de don Rodrigo, sino a cumplir al lado mío, en el caserón de los Olivenzas, un alto deber profesional.
Luján	¡Carape! como dices tú.
Don Basilio	Mi hermana Clarines... Barrenándose con un dedo la sien. Mi hermana Clarines ha perdido el juicio.

Luján	¿Qué me cuentas?
Don Basilio	Lo que oyes, Isidoro; lo que oyes. Sufrió, en una edad crítica de su vida, una conmoción moral extraordinaria, espantosa...
Luján	Algo recuerdo que me escribiste...
Don Basilio	Pues de aquella fecha arranca el mal. La sonrisa se fue de sus labios, se le pusieron blancos los cabellos, su carácter se desquició, se envenenó su espíritu, dio en mil manías y aberraciones, y un día tras otro, para no cansarte, ha llegado a tal punto, que creo un deber de conciencia, ya que estás aquí, consultar el caso contigo.
Luján	¡Diablo, diablo!
Don Basilio	¿Comprendes ahora que me tiña las canas?
Luján	Hombre, no: comprendo que te salgan. Que te las tiñas no lo comprendo, francamente.
Don Basilio	Bien, bien: no divaguemos. Esta desgracia que yo te anuncio con el temor de que tu ciencia pueda llevarme a la certidumbre, es una verdad axiomática en toda Guadalema: «Doña Clarines está loca; doña Clarines está como un cencerro; que la aten; que la encierren...» Éste es el rumor público: esto es lo que oyes dondequiera que de ella se habla.
Luján	¿Qué vida lleva ella?

Don Basilio	La más extraña que puedes imaginarte. O en sus habitaciones misteriosamente encerrada—ini a mí me deja entrar!—y haciendo no sabemos qué, o sentada en este butacón, devorando las horas en silencio. Si habla, es para reñir y desatinar; si alguien viene a verla, seguro está que ella no lo insulte y lo haga salir a espetaperros por las escaleras. A excepción de Tata, la vieja, que desde niña la conoce y la quiere, no hay criado alguno que pueda resistirla ocho días seguidos. Ninguno para en esta casa. ¡Y cuidado que se les paga con largueza! ¡Pues ninguno para! Todos se van jurando y perjurando que es loca.
Luján	¿Y quién le administra sus bienes? ¿Quién lleva el cargo de su hacienda?
Don Basilio	¡Ella misma! Y éste es mi gran temor, Lujanito. Yo creo que nos está arruinando. Y digo nos, porque, claro es, yo... desde que... por los azares de mi vida, me quedé sin blanca de lo mío, vivo naturalmente al lado de ella. Figúrate si su ruina me interesará como cosa propia.
Luján	Ya, ya me lo figuro. ¿Es pródiga tu hermana?
Don Basilio	A quien le pide, jamás le da un céntimo: me consta de un modo indudable. Pero temporadas hay en que su mano no se cansa de dar dinero; que no parece sino que tiene el prurito de quedarse con el día y la noche.
Luján	Pues eso ya es más serio.

Don Basilio	¿Crees que no lo sé? ¡Si yo no hago un sueño de dos horas! Porque es que nos va el bienestar, la tranquilidad de la vida, en estos años en que se empieza a bajar la cuesta... Te digo que hay para no dormir.
Luján	Ciertamente.
Don Basilio	Y aún queda el rabo por desollar, amigo Isidoro.
Luján	¿Sí? ¿Cuál es el rabo?
Don Basilio	Mi hermano Juan, viudo con una hija de diez y ocho años, ha muerto en Madrid hace tres meses.
Luján	¿Que ha muerto Juan?
Don Basilio	Hace tres meses murió el pobre. ¿Extrañarás no verme de luto?
Luján	Sí.
Don Basilio	¡Cosas de Clarines! ¡Dice que el luto es una vanidad del dolor y que no se pone luto por nadie!
Luján	¿Y tú piensas lo mismo que ella?
Don Basilio	¿Yo qué he de pensar?
Luján	¿Entonces cómo no vas de negro?
Don Basilio	¡Por no hacer más patente su chifladura!... ¡Y porque no me da una peseta para el traje...
Luján	Ya.

Don Basilio	Pero concluyamos con mi cuento. Mi hermano Juan —Dios lo tenga en su gloria—, ha hecho al morir el disparate —asómbrate, Isidoro— de confiarle su hija y sus bienes a esta desventurada doña Clarines. ¿Qué tal? ¿Debo yo permanecer ocioso? ¿Eh? Mi responsabilidad moral ante los hechos, es enorme. El pobre Juan seguramente desconocía el estado de perturbación de nuestra hermana. ¿No es deber mío ponerme al lado de esa niña?
Luján	Claro.
Don Basilio	¿Verdad que sí? Por eso, ya que la providencia te envía, me atrevo a suplicarte que observes detenidamente, concienzudamente, científicamente a la infeliz Clarines, y si por desgracia tú confirmas mis secretos temores... algo habrá que hacer, ¿no te parece? ¡algo habrá que hacer!... Yo hablaría con mi sobrinita, que es muy razonable... y... ¡qué carape! de acuerdo contigo le buscaríamos al caso la mejor Solución. Así como así, mi vida es un tanto aburridilla, y el administrar los cuatro cuartos de la muchacha me serviría de entretenimiento. ¿Qué me dices tú?
Luján	Con gran sorna. Yo, querido Basilio, hace ya tiempo que procuro no darles a las cosas sino solo el valor que tienen. Determinar qué valor tienen es lo primero. Hay que vivir en la realidad de la vida.
Don Basilio	Quiere eso significar...

Luján	Quiere esto significar que acepto la delicada comisión que me encomiendas, y que empiezo a atar cabos desde este momento.
Don Basilio	Pero ¿lo tomarás con interés?
Luján	Con todo el interés que merece. Declarándote que, para mí, pocas cosas logran ya tener ninguno. Porque es un hecho, Basilio amigo: el planeta se enfría, y este tinglado va a durar poco.
Don Basilio	Sí, pero... ¿A qué viene?...
Luján	Viene...
Don Basilio	Calla ahora.

Por la puerta de la izquierda salen los ojos de Marcela, y luego Marcela, la sobrina de doña Clarines. Viste de negro. Su hablar es comedido y prudente.

Marcela	Buenas noches.
Don Basilio	Aquí la tienes. Ésta es Marcelita. Mi amigo Luján...
Marcela	Ya, ya me he figurado... Tanto gusto... Acabo de darle los últimos toques a su alcoba de usted.
Luján	Mil gracias. No podía yo sospechar que manos tan lindas...
Marcela	Calle usted, por Dios.

Don Basilio	Chico, eres el mismo de antaño. Este perillán es muy galante.
Luján	¡Bah!
Marcela	Cualquiera falta que usted note allá, cualquier cosa que necesite, me lo dice a mí.
Don Basilio	Sí, mejor es: porque si se lo dices a Tata, Tata va con el cuento a doña Clarines y tenemos gresca.
Marcela	Eso, no; a doña Clarines no hace falta que le digan las cosas para saberlas ella. Tiene un poder de adivinación que a mí me da susto.
Don Basilio	A Luján. ¿Eh?
Marcela	Es natural, después de todo: en Soledad constante, no para de discurrir aquella cabeza, y alambicando alambicando, siempre va a dar con la verdad. ¿Usted ha entrado a saludarla?
Luján	Ha habido un pequeño inconveniente.
Marcela	Pues a estas horas, sin haberlo visto, esté usted seguro de que sabe doña Clarines cómo es usted.
Don Basilio	Te advierto, Marcelita, que ha dicho que no lo recibe porque no quiere ver visiones.
Marcela	¿Sí?
Luján	Así mismo.

Marcela	Sus cosas... Usted me dispense... yo no sabía... Si yo adivinara como ella...
Luján	No le preocupe a usted. Me importa poco parecerle visión a la tía, si a la sobrina no se lo parezco.
Marcela	A la sobrina de ninguna manera.
Luján	Entonces... Sobre que doña Clarines fundó su juicio en el antiquísimo proverbio de: «Dime con quien andas, te diré quién eres»...
Marcela	¡Ja, ja, ja!
Don Basilio	Total: que la visión soy yo. Ven a tu alcoba, cepíllate un poco, y vamos a dar una vuelta por la ciudad. La noche convida. ¿Tú ya no vuelves a casa de don Rodrigo?
Luján	Hasta mañana, no.
Marcela	¿Qué es lo que tiene ese caballero?
Luján	¡Ganas de fastidiarme a mí!
Marcela	Todo sea por Dios.
Luján	Con que estoy a tus órdenes incondicionales. Y no se diga a las de usted, Marcela.
Marcela	Muchas gracias.
Don Basilio	Anda, anda, mediquillo.

Se van por la puerta de la izquierda los dos camaradas.

Marcela	Es muy simpático este señor. Y parece que tiene más seso que el tío Carape. Poco se necesita.

Llegan por la puerta del foro, precedidos de Tata, Daría y Crispín, moza y mozo naturales de Cogollo del Llano, pueblo lindante con Guadalema. Daría es linda, y lo será doble cuando el agua la purifique. Parece asombrada. Crispín no solo lo parece, sino que lo está y ni a tres tirones entra en la estancia. Queda vagando por el pasillo del foro, y acecha cautelosamente los momentos en que, sin ser visto, puede echar una ojeada a la escena. Cuando lo ven huye como un conejo.

Tata	Entrad aquí.
Daría	Buenas noches.
Marcela	Buenas noches.
Tata	Es la criada nueva. Hija de una parienta mía. Veremos si nos sirve. Voy a avisarle a la señora. Se va por la puerta de la derecha.
Marcela	¿Quién viene con usted?
Daría	Crispín: mi hermano.

Las primeras palabras de Daría, su aliento entrecortado, revelan que está tan asustada como Crispín; sino que ella no ha tenido más remedio que entrar. Pesa sobre ambos la temerosa leyenda de doña Clarines.

Marcela	Dígale usted que entre.
Daría	No entra, no.

Marcela	¿Por qué?
Daría	Porque no entra.
Marcela	Dígaselo usted.
Daría	Se lo diré; pero no entra. Crispín, que lo ha oído todo, no parece en diez metros a la redonda. Daría va a la puerta del foro, y desde allí le habla. ¡Crispín! La señorita, que entres.—No entra.
Marcela	Bueno; déjelo usted. ¿De qué pueblo son ustedes?
Daría	De Cogollo del Llano; para servir a usted.
Marcela	¿Es usted parienta de Tata?
Daría	Yo, no. Mi madre; para servir a usted.
Marcela	Aquí está la señora.

Crispín, que andaba a la vista, a este anuncio desaparece nuevamente. Pausa.

Sale por la puerta de sus habitaciones Doña Clarines. La sigue Tata. Doña Clarines es una señora de buen porte y poderosa simpatía. Aunque no pasa de los cuarenta y cinco años, sus cabellos son blancos como la plata. Viste con gran originalidad, con gusto personalísimo, dentro de una graciosa sencillez. Se expresa en tono campechano y noble a la par; enérgico, sin sombra alguna de afectación.

Doña Clarines	Buenas noches.

Daría	Buenas noches.
Doña Clarines	A Tata. Muy joven es.
Tata	Más vale.
Doña Clarines	Está visto que no he de parar de domar potritos. Se sienta en su butaca. Ladra Leal. ¿Quién es, ahora?
Tata	¡Calla, condenado! Vamos a ver. Se asoma a la mirilla. ¿Quién es? —Un pobre.
Doña Clarines	¿Es viejo?
Tata	No, señora, que es mozo.
Doña Clarines	Pues que trabaje.
Tata	¡Que trabaje usted, hermano! Cierra la mirilla de un golpe fuerte, sobresaltando a Daría aún más de lo que está. ¡Que bien trabajo yo, con mis setenta a las espaldas! Se va por la puerta de la izquierda.
Doña Clarines	Acérquese usted. Daría no se da por entendida. Que se acerque usted; ¿no me oye?
Daría	A Marcela. ¿Es a mí?
Marcela	A usted, sí; a usted. Acérquese a la señora.

Daría se acerca a doña Clarines.

Doña Clarines	¿Cómo se llama usted?

Daría	Daría; para servir a usted.
Doña Clarines	¿Daría qué?

Daría mira a Marcela con angustia.

Marcela	Dígale su apellido.
Doña Clarines	Calla tú. ¿Daría qué? ¿No lo sabe? Crispín, asomando la cara pegada al quicio de la puerta del foro sin ser visto por nadie, se empeña en decirle a Daría con la fuerza del gesto el apellido de la familia. Daría, tras una vacilación momentánea, echa a andar hacia la misma puerta y se marcha por ella. ¿Adónde va?
Daría	Volviendo al sitio donde estaba. Romillo; para servir a usted.
Doña Clarines	¿A quién lo ha preguntado? ¿Quién anda ahí fuera?
Daría	Crispín; para servir a usted.
Doña Clarines	¿Crispín? ¿Y quién es Crispín?
Daría	Mi hermano.
Doña Clarines	Pues que entre su hermano.
Daría	No entra, no, señora.
Doña Clarines	¿Cómo que no entra?
Marcela	No entra, no.

Doña Clarines	¿Y por qué no ha de entrar? Yo lo mando.
Daría	Desde la puerta del foro. ¡Crispín! ¡La señora te manda entrar! Pausa. Dice que no que no con la cabeza.
Marcela	Y no entra, no; es el segundo intento.
Doña Clarines	¿Pues a qué ha venido Crispín?
Daría	A acompañarme.
Doña Clarines	¡Bah! ¿Qué edad tiene usted? Daría titubea atribulada y echa a andar de nuevo hacia el foro. A la voz de doña Clarines se detiene. ¡Sin preguntárselo a Crispín! ¡Tampoco lo sabe! ¿Pero usted no sabe nada?
Daría	Nada; para servir a usted.
Doña Clarines	Casi lo prefiero. Entre no saber nada y saber poco y mal, mejor es la ignorancia absoluta. Así la podré moldear a mi gusto, aunque sea a coscorrones.
Daría	Sí, señora.
Doña Clarines	¿Tiene usted novio?
Daría	Aquí, no: en el pueblo. Pero lo puedo dejar, si quiere la señora.
Doña Clarines	¿Yo? ¡Dios me libre!
Daría	No me tira mucho.

Doña Clarines	Allá usted. En no distrayéndola de sus obligaciones... Mire usted, que se vaya Crispín o que entre; pero que no esté como una sombra chinesca por el corredor. Por más que, aguarde un poco, y se irá usted también con él. ¿Cuánto tiempo hace que no se lava usted?
Daría	¿La cara?
Doña Clarines	No: usted, de arriba abajo.
Daría	¡Uh!...
Marcela	Como no sabe la edad que tiene...
Doña Clarines	Pues en mi casa la limpieza es la primera condición que exijo.
Daría	Sí, señora.
Doña Clarines	Y la segunda, trabajar mucho y bien; que para eso las pago a ustedes mejor que nadie.
Daría	Sí, señora. Yo haré todo lo que sea menester.
Doña Clarines	No le queda a usted otro recurso. De lo contrario, en la calle sopla un aire muy fresco. Las puertas de mi casa son mucho más anchas para salir que para entrar. —Marcela, acompaña a esta mujer allá dentro, que suelta un tufillo a algarrobas que marea.
Daría	Sí, señora.

Doña Clarines	Y vuelve enseguida, que tenemos que hablar.
Daría	¿Manda algo más la señora?
Doña Clarines	Nada, nada. Que se vaya usted con la señorita.
Daría	Sí, señora. Servidora de la señora.
Marcela	Venga usted.
Daría	Sí, señora.
Marcela	Por aquí.
Daría	Sí, señora.

Éntrase Marcela por la puerta del foro, hacia la izquierda. Daría la sigue mirando a todas partes azoradísima. Crispín cruza enseguida por el pasillo como una exhalación, detrás de Daría.

Doña Clarines	¡Jesús me valga! ¿Y ésta es la flor de Cogollo del Llano?

¡Alabado sea Dios!

Sale Tata por la puerta de la izquierda.

Tata	¿Qué tal le ha parecido la moza?
Doña Clarines	Cerril del todo; pero si tiene buena voluntad...
Tata	¡Aaaaah! Como salga a la madre... No es porque sea mi prima, pero es mujer que levanta una casa en vilo. Por esa puerta no cabe a entrar el marido que tiene,

	y cuando se resiste a trabajar le da unas palizas que lo balda.
Doña Clarines	Eso me gusta.

Vuelve Escopeta por la puerta del foro canturreando como se marchó.

Escopeta	Hise un oyito en la arena, sepurté mi pensamiento...
Doña Clarines	¡Escopeta!
Escopeta	Dispense la señora. No sabía que estaba usté aquí.
Doña Clarines	¿Fue usted a la botica?
Escopeta	De ayí vengo.
Doña Clarines	¿Y qué?
Escopeta	Pos que le sorté ar boticario la rosiá.
Doña Clarines	¿Qué le dijo usted?
Escopeta	Lo mismito que usté me encargó. Como si lo yevara impreso. Le dije, digo... le dije: «De parte de mi señora doña Clarines, que no es esto lo que eya ha pedío; que agua der poso ya tiene eya bastante en su casa, y que se vaya usté a robá a Despeñaperros.» ¿No era así?
Doña Clarines	Así era. ¿El contestó algo?

Escopeta	Rascándose la cabeza. Contestó, contestó. ¿No había e contestá?
Doña Clarines	¿Qué contestó? Escopeta vuelve a rascarse la cabeza, y trata de hablar y se contiene, ante la dificultad de decirle a doña Clarines la desvergüenza que le ha contestado el boticario. La señora se da cuenta de ello, y lo libra del compromiso. Bien está. Toda la vida ha sido un mala lengua ese boticario.
Tata	¡Aaaaah! Siempre habla el que tiene por qué callar.
Escopeta	¿No se le ofrese a usté otra cosa?
Doña Clarines	Que se acueste usted.
Escopeta	Como las balas.
Doña Clarines	Escuche usted.
Escopeta	Señora.
Doña Clarines	Antes de acostarse, asómese usted al postigo y dígale al sereno que ya tengo la seguridad de que es él mismo quien por las tapias de la huerta me roba las frutas.
Escopeta	¿Ar sereno?
Doña Clarines	Al sereno, sí.
Escopeta	¿Y eso na más?
Doña Clarines	Nada más. Vaya usted con Dios.

Escopeta	Güenas noches. ¡To será que no duerma en mi cama! Márchase decidido por donde llegó.
Doña Clarines	Parece listo este Escopeta.
Tata	Sí, señora; pero muy así... muy movido él. Es hijo del que ha tomado ahora la cantina de la estación. También andaluz. Les durará poco la cantina.
Doña Clarines	¿Por qué?
Tata	Porque se la van a beber entre el padre y el hijo. Mire usted, señora; yo no lo puedo remediar: no me hacen gracia los andaluces. Quizás que a los andaluces les suceda lo mismo conmigo.
Doña Clarines	Quizás.

Vuelve Marcela

Marcela	Tía...
Doña Clarines	Espérate un momento.
Tata	¿Estorbo?
Doña Clarines	Sí.
Tata	Me lo había maliciado. ¿Qué vamos a comer mañana?
Doña Clarines	Lo que hoy.

Tata	Y hoy lo que ayer.
Doña Clarines	Y siempre lo que a mí se me antoje.
Tata	Si no lo digo en son de crítica.
Doña Clarines	Cuando lo dejo a tu elección no pones más que cebollas rellenas...
Tata	La cebolla es muy estomacal.
Doña Clarines	¿Quieres no replicarme, Tata? Todo este preguntar ahora qué se ha de guisar, es entretenerte para oler lo que aquí se guisa.
Tata	¡Dios de Dios! ¡Pero cómo adivina usted las intenciones! ¡Aaaaah! Vase por la puerta del foro, hacia la izquierda.
Marcela	¡Qué graciosa es Tata! ¡Y qué buena!
Doña Clarines	¿Buena? La única persona de quien yo me fío en este mundo. Siéntate, que vamos a echar un parrafito.
Marcela	¿Un parrafito?
Doña Clarines	Sí. Siéntate.
Marcela	Me pone usted en cuidado. ¿Qué novedad hay?
Doña Clarines	Novedad... ninguna.
Marcela	Pues usted dirá.

Doña Clarines	Desde que tu padre murió, llevas a mi lado muy cerca de tres meses, y siempre que hemos tratado en nuestros coloquios de un sentimiento muy natural a la edad en que tú te hallas —aunque se da en todas las edades, porque hay mucha vieja sinvergüenza y pindonga—, me has dicho que no tienes novio. ¿Es esto verdad?
Marcela	Sí, señora: cuando se lo he dicho a usted así...
Doña Clarines	Está bien. Sales en lo hipócrita a tu madre, y a tu padre en la falta de seso.
Marcela	Tía Clarines...
Doña Clarines	¡Tía Jinojo! Ten en cuenta que estás en un callejón sin salida.
Marcela	¿Piensa usted decir mentira para sacar verdad?
Doña Clarines	Al contrario: pienso decir verdad, para sacar mentira. Ya sabes que a mí no se me ocultan las cosas.
Marcela	Pues esta vez fallaron sus adivinaciones.
Doña Clarines	¿Insistes en tu negativa? Testaruda como doña Sara, tu abuela materna, que se tragó un carrete, y hasta que no la abrieron en canal lo estuvo negando.
Marcela	¿Pero en qué se funda usted para creer que yo le miento?
Doña Clarines	En que sé a ciencia cierta que tienes novio.

Marcela	¡Tía!
Doña Clarines	¡Chist! Mira: desde que viniste, raro es el día que no pasas dos horas en la casa de enfrente, so pretexto de que la niña de la casa es amiga tuya a partir de una larga temporada que estuvo en Madrid.
Marcela	Así es la verdad.
Doña Clarines	No es así la verdad. La niña de enfrente, empacha a los tres días de hablar con ella: por sí sola carece de atractivos para tanto trato. Pero en cambio tiene una tía, hermana de su madre, que siempre se distinguió grandemente en un oficio que elogiaba mucho don Quijote.
Marcela	No la entiendo a usted.
Doña Clarines	Celebro tu candor. Esas aficiones de la tía —sigo sobre la pista— eran para mí un dato de bastante importancia. Una mañana, de sobremesa, dije yo esta frase, que se puede esculpir: «No hay un solo hombre que tenga corazón.» Y tú saltaste, como si te hubiera picado una avispa: «¡Hay de todo!» ¿Hola? ¿Hay de todo? ¿Ésta cree que hay de todo? —pensé yo entre mí. ¿Conque opinamos que hay de todo?
Marcela	Sí, señora: yo creo que hay de todo. Sin tener novio, me parece que se puede opinar que hay de todo.
Doña Clarines	Indudable: se puede opinar. Pero cuando seguramente se opina es teniéndolo. Las mujeres no

	defienden nunca a los hombres: defienden a un hombre nada más.
Marcela	Cuando usted lo dice... Más sabe usted de eso que yo.
Doña Clarines	De eso y de cuanto hay que saber, monicaca. Otro día, amaneciste con un catarro que no se te entendía lo que hablabas, y yo me opuse a que pasaras ahí enfrente. La rabieta que te dio, de esas silenciosas, de no cruzar la palabra con nadie ni por educación, no se la toma ninguna muchacha más que a cuenta del novio. Ya bajas la vista.
Marcela	No...
Doña Clarines	Sí. El domingo pasado, se prolongó la vista más de la costumbre... y viniste muy colorada y con un dedo manchado de tinta. Marcela se mira disimuladamente la mano derecha. De la mano derecha, sí. Yo te pregunté: ¿Qué traes, chiquilla? ¿Qué sofoco es ese? ¿Cómo has tardado tanto? «Porque... porque he estado jugando a la pelota» —me respondiste. ¡Ah, caramba! Esta niña se mancha la mano de tinta, jugando a la pelota. ¡Y la pelota, que aún está en el tejado, era una carta de tres pliegos! Marcela compunge el semblante. No; no empiecen ahora los pucheros y las lagrimitas. Me has engañado como yo no merezco. Tienes un novio como un castillo, le escribes ahí enfrente, y ahí enfrente recibes sus cartas, que vienen a nombre de doña Sebastiana, la tía de tu amiga. Son las únicas cartas de amor que ha recibido esa tarasca en el siglo y medio que lleva a cuestas.

Marcela	Perdóneme usted, tía. Quiero mucho a mi novio... y temí que usted se opusiera a las relaciones.
Doña Clarines	¿Es algún bandolero?
Marcela	No, señora; por Dios... Si es más bueno... más bueno es...
Doña Clarines	¿Entonces por qué había de oponerme?
Marcela	Como tiene usted ese genio tan raro...
Doña Clarines	¿También tú? Yo nunca me aparto de lo justo; y las rarezas de mi genio consisten en que le digo las verdades al lucero del alba. ¿Conocía tu padre estos amores?
Marcela	No, señora; tampoco.
Doña Clarines	Pues de tu padre no te ocultarías por mal genio.

Alguna maca tendrá el señorito. ¿Quién es? ¿Cómo se llama?

Marcela	Miguel.
Doña Clarines	¿Miguel qué? Marcela calla. ¿Miguel qué? ¿Estás como

Daría? ¿Necesitas preguntárselo a Crispín?

Marcela	¡Qué cosas tiene usted! Confíe usted, tía, en que yo no había de ponerme en relaciones con quien no mereciera mi cariño. Es un muchacho como hay

	pocos: para mí como no hay ninguno. Es arquitecto: trabaja mucho; tiene un gran porvenir. Cuando murió mi padre, nuestras relaciones no habían hecho más que empezar... ¡y si viera usted qué consuelos tan delicados debo a su cariño; qué alientos me dio para calmar mi pena; para seguir la vida tan Sola!... Lo quiero mucho, mucho, mucho; más que a nadie. Y ya verá usted cómo él lo merece.
Doña Clarines	Bien está. Basta de inocente palabrería. Tú eres muy niña para juzgar a ningún hombre. Cada «te quiero» de ellos es un veneno que nos parece miel, por la pérfida dulzura de esas dos palabras.
Marcela	No me asusta usted: estoy muy segura.
Doña Clarines	Eres una mocosa. Pero tan segura como estás tú necesito estar yo.
Marcela	Él... acaso venga a Guadalema...
Doña Clarines	Rápidamente. Si no es que ya ha venido.
Marcela	Sorprendida. No, señora.
Doña Clarines	Cualquiera fía en tus negativas. Pero, en fin, haya venido o no, cuando venga, vendrá a verte a esta casa. Tus visitas ahí enfrente se han concluido. Se quedó doña Sebastiana sin novio. Por mi parte, con oírlo un par de veces nada más, lo diseco. Y si como barrunto es un zascandil...
Marcela	¿Un zascandil?

Doña Clarines	Muy cerca ha de andarle el hombre que conociendo quién soy para ti, cómo vives conmigo, se oculta de mí y se vale de tapujos y tercerías. Limpio no juega.
Marcela	¡Tía Clarines!
Doña Clarines	No hablemos más del particular. Si el señorito no me entra por el ojo derecho, prepara media docena de pañuelos para llorarlo tres o cuatro días. Más no ha de durarte la congoja de la separación, ya que probablemente se tratará de una chiquillada.
Marcela	Todo lo compone usted a su gusto...
Doña Clarines	Punto final.

Silencio.

Marcela	Mirando hacia la puerta de la izquierda. Aquí salen el tío

Basilio y ese señor amigo suyo.

Doña Clarines	Tal para cual.
Marcela	¿Conoce usted a ese señor?
Doña Clarines	No: pero cuando es amigote de mi hermano... No pienso hacerles la tertulia. Buenas noches. Se levanta para marcharse.
Marcela	Buenas noches, tía. Hasta mañana, si Dios quiere. Va a besarla.

Doña Clarines	*Deteniéndola.* Menos besuqueo, y más respeto.

Salen en esto Don Basilio y Luján*Marcela queda pensativa y disgustada.*

Don Basilio	¡Clarines! ¡Clarines!
Doña Clarines	¿Eh?
Luján	Buenas noches, señora.
Don Basilio	*Presentándolos.* Mi hermana Clarines... Mi amigo Isidoro Luján.
Luján	Tengo mucho gusto...
Doña Clarines	Yo celebraré que lo pase usted bien en mi casa los días que esté en ella.
Luján	¡Oh! Seguramente.
Doña Clarines	Pronto lo ha dicho usted.

Don Basilio le hace señas de inteligencia a Luján ahora y en adelante.

Luján	Señora...
Doña Clarines	¿Ha venido usted a Guadalema a ver si se muere don Rodrigo?
Luján	No, señora; no es caso grave. No es más que una gaita para la familia.

Doña Clarines	Se perdía bien poca cosa si se muriera. Es un Solterón egoísta, que ha vivido siempre de chupar la sangre de los pobres. Los sobrinos están deseando que dé un estallido. La prueba es que todos los médicos les parecen pocos. Pero, bien, eso allá usted con su conciencia. Si la tiene: porque en la carrera de usted la conciencia anda por las nubes. Fortuna que yo gozo de una salud inalterable. No padezco más que ataques de sentido común.
Luján	Estupefacto. Hem...
Doña Clarines	¿Se van ustedes de paseo, verdad?
Don Basilio	Me lo llevo por ahí un ratillo.
Luján	Ya lo oye usted.
Doña Clarines	Bien. La puerta de mi casa se cierra a las once para todo el mundo. El que a las once no esté aquí duerme en un banco de la Plaza Mayor. La estupefacción de Luján se acentúa. Hay más. Si se viene a las diez y media, y se viene borracho, es como si se viniera fresco después de las once: en la calle se duerme también.
Don Basilio	Clarines, por... por amor de Dios; alguna vez piensa lo que dices.
Doña Clarines	No pienso nunca lo que digo; y bueno es que lo sepa usted, caballero... Cuanto digo lo digo porque me nace en el corazón; y como antes de llegar a la cabeza pasa por la boca, se me sale siempre sin pensarlo. Buenas noches.

Luján	A los pies de usted.

Éntrase doña Clarines por la puerta de la derecha. Luján y don Basilio se miran sin palabras largo tiempo.

Marcela	Esta noche tiene para todos. ¡Ay, Dios mío!
Don Basilio	Abrázame, Isidoro.
Luján	Calla, hombre, calla.
Don Basilio	¿Está esa mujer en sus cabales? ¿Eh? Con franqueza. ¿Está en sus cabales?
Luján	Con franqueza; lo que es juzgándola por impresión... está como una cabra. Baja la voz al decir esto.
Don Basilio	No; no te recates de Marcela... Calcula tú la pobre: ¡la tiene que aguantar noche y día!
Luján	Y la cuestión es que, a poco que se mediten sus palabras, se ve que en rigor no ha dicho nada que sea absurdo. Porque, ¿qué es lo que ha dicho, después de todo? Que don Rodrigo es un chupasangre. Eso nos consta, desgraciadamente. Que los sobrinos están deseando que se muera. No lo sé; pero es muy humano. Que cada día traen un médico para conseguirlo. Sí... es un sistema que suele dar resultados muy satisfactorios. Que si los médicos no tenemos conciencia, que si ella goza de salud excelente, que si solo padece ataques de sentido común... Nada de esto es desatinado, en ley de Dios.

Don Basilio	Nervioso. Pero, hombre, Isidoro; no me digas. ¿Y la manera de... de...? Es la primera vez que te habla, y... ¡Vamos, que Soltarte que la puerta de esta casa se cierra a las once!... ¡Carape!
Luján	Ahí tienes una cosa que, lejos de haberme molestado, la encuentro muy bien. No he podido conseguirla en mi casa, pero la encuentro bien. Ahora, aquello de que si a las diez y media se llega borracho... ¿Tú bebes? ¿Tú te recoges borracho algunas noches?
Don Basilio	¡Nunca! ¡Que te lo diga ésta! ¡Eso es una pata de gallo! ¡Cuando se enreda la madeja y tomo cuatro copas de más... vengo siempre por la mañana!
Luján	¿Ah, sí?
Don Basilio	¡Naturalmente, hombre! Anda, vámonos a la calle, que tenemos tela cortada para largo.
Luján	Presumo que sí. A Marcela. Marcelita, muy buenas noches.
Marcela	Saliendo de la abstracción en que se hallaba. Qué, ¿se marchan ustedes?
Luján	Sí; pero a las once menos cinco minutos estaremos de vuelta. Yo me ciño a los estatutos.
Marcela	Hace usted bien. Hasta mañana.
Luján	Hasta mañana.

Marcela		Adiós, tío.
Don Basilio		Adiós, pequeña. Y no te apures tú mientras viva tu tío Carape. ¡Qué carape! Se va con Luján por la puerta del foro, hacia la izquierda.
Marcela		¡Que no me apure, dice!... ¿Qué sabe él? ¡Para no apurarse es la situación! Y habrá que echar por la calle de en medio, y decir la verdad. Miguel y yo, ¿por qué razón no hemos de querernos?

Sale por la puerta de la izquierda Daría, llena de inquietud.

Daría		¡Señorita! ¡Señorita!
Marcela		¿Otra te pego? ¿Qué pasa?
Daría		Que se me ha olvidado preguntarle a usted a qué hora tengo que levantarme.
Marcela		Con las gallinas. La señora se levanta a las seis... Ya te llamará Tata: descuida tú.
Daría		Es que me había dicho Crispín que la señora llamaba a los criados con una trompeta.
Marcela		Eso es en los cuarteles. Aquí no.
Daría		Ya. Crispín, desde que lo han tallado, no oye más que trompetas.

Diga usted, señorita.

47

Marcela   ¿Qué?

Daría   ¿Antes de acostarme debo entrar a besarle la mano a la señora?

Marcela   Entra, y te da una bofetada que te tira de espaldas.

Daría   ¿Sí, verdad?

Marcela   Lo que has de hacer es meterte en la cama ahora mismo sin que te sienta nadie.

Daría   Enseguida, señorita. Hasta mañana, si Dios quiere, señorita.

Marcela   Adiós.

Daría   Vacilando entre las dos puertas. ¿Por dónde voy mejor a mi cuarto?

Marcela   Señalando a la del foro. Por ahí todo seguido, darás con la escalera al momento.

Daría   Sí; porque al venir para acá me perdí, ¿sabe la señorita? y me metí en una habitación con los muebles con fundas blancas, por la que no quisiera volver a pasar hasta verla de día. Buenas noches. Se marcha.

Marcela   Vete con Dios, mujer.

Vuelve Tata por la puerta de la izquierda.

Tata   ¿Con quién hablabas?

Marcela	Con Daría, que no ve de miedo.
Tata	Ya se le irá pasando. A todas les pintan esta casa como un presidio... ¿Se acostó la señora?
Marcela	Se fue a su cuarto, al menos.
Tata	¿Y qué tienes tú? ¿Ha habido regañina?
Marcela	Sí, Tata, sí; la ha habido. Y dura.
Tata	¡Aaaaah! ¡Qué caráter! ¡Es un acero! Si como nació con faldas nace con pantalones, hubiera sido emperador. Rompe a llorar Marcela. ¿Qué es eso, nena? ¿Por qué lloras?
Marcela	Estoy muy triste. Se ha ido muy enfadada la tía. Fuí a darle un beso, y me detuvo.
Tata	Algo malo habrás hecho tú: porque ella es la justicia mesma.
Marcela	No, señora; yo no he hecho nada malo. Ocultarle una cosa que podría ser motivo de disgusto, no creo yo que sea mala acción.
Tata	¿Motivo de disgusto para la señora? A ver, a ver... ¿Qué es ello, nena? Dímelo a mí, por si yo puedo valerte de algo. ¿Lo ha descubierto ya la tía?
Marcela	No del todo. Me ha hecho confesarle... pero yo he callado... he callado mucho... Venga usted, Tata; ampáreme usted; aconséjeme usted.

Tata	¡Malo será que no haya unos calzones de por medio!
Marcela	Un hombre hay.
Tata	¡Anda con Dios! ¿Tienes novio, eh?
Marcela	¡Naturalmente!
Tata	¡Sópleme usted en el ojo, que me ha entrado aire!
Marcela	Un novio, Tata, que me quiere más...
Tata	¡Aaaaah!
Marcela	¡Más bueno!... ¡más noble!... Y yo lo quiero... ¡vamos! No sabe usted cómo yo lo quiero.
Tata	¡Aaaaah!
Marcela	Ahora que he estado lejos de él, he visto que mi vida es la suya. Paso que daba, paso que me parecía inspirado por él. ¡Lo que charlamos él y yo a tantas leguas de distancia! Algunas veces me ha sorprendido doña Clarines por el jardín, y me ha dicho: «Chiquilla, ¿estás hablando Sola?» «Sí, tía.» Y la engañaba. No estaba hablando Sola: hablaba con él.
Tata	¡Aaaaah!
Marcela	Si él no me quisiera, mi vida valdría mucho menos: desde que él me quiere vivo más. Y si me dijeran que para vivir a su lado tendría que dar los ojos, los ojos daría: que yo sé que, sin ver, siempre encontraría su

	mano que me guiase. ¿Comprende usted cuánto lo quiero?
Tata	Comprendo la regañina de la tía. ¿Y es de Madrid por ventura ese lazarillo?
Marcela	De Madrid. Pero está en Guadalema ya.
Tata	¿En Guadalema? ¿Y cuándo ha venido?
Marcela	Esta mañana.
Tata	¿Lo sabe doña Clarines?
Marcela	Lo sospecha; no lo sabe de cierto. Ni sabe tampoco que esta noche voy a hablar con él.
Tata	¿Esta noche? ¿Dónde?
Marcela	Abajo en el jardín. Por la verja.
Tata	No; eso, no; por la verja, no. Aquí no se hace nada sin que ella lo consienta, y yo sé que eso no lo consentiría. ¡Buena íbamos a armarla! ¡Santo Dios!
Marcela	Tata, si no es más que esta noche. Si él ha venido a Guadalema para hablar con mi tía; pero antes es preciso que los dos hablemos... Es un caso éste... son unas circunstancias... Para que usted lo comprenda de una vez le diré el nombre de mi novio: Miguel Aguilar.
Tata	¿Miguel Aguilar?

Marcela	Hijo de don Guillermo Aguilar.
Tata	Espantada. ¡Ánimas benditas del Purgatorio! ¿Qué me dices, nena?
Marcela	¿Ve usted, Tata, qué misterios tiene la vida? ¿Por qué he venido yo a parar a la única casa donde el nombre de Miguel Aguilar lleva consigo un recuerdo tan doloroso?
Tata	¡Aaaaah! ¡Cuando doña Clarines se entere!... ¡Qué turbamulta! ¡Dios de Dios! ¡Remover al cabo de los años aquellas memorias!... ¡Don Guillermo Aguilar... el padre de!... ¡Aaaaah! ¡El Señor nos coja confesados!
Marcela	¿Cree usted que no perdonará doña Clarines?
Tata	¡A ese hombre, nunca!
Marcela	¿Pero tan grave fue?...
Tata	¡Tan grave, dices!... Con pasión. Los cabellos de la señora eran negros como el ébano mesmo, y en un año se tornaron blancos como ahora los ves. ¡Don Guillermo Aguilar! ¡En mal hora vino a Guadalema! ¡Maldita sea su casta!
Marcela	Su casta, no, Tata.
Tata	¡Bueno, su estampa! ¡Igual me da! Enardeciéndose y exaltándose por momentos. ¡Condenado hombre!... ¡Ladrón de corazones! ¡Pillo! ¡que mató en mi señora

	la alegría de siempre! ¡Para esas muertes no hay horcas ni justicia, pero debiera haberlas!
Marcela	¡No grite usted; no se entere la tía!
Tata	Tentada estoy de ir a despertarla y contárselo todo. ¡El don Guillermo! ¡el don Guillermo! ¡Menos dones y más buenas aciones! En Guadalema se presentó, y fue el rey. Venía de Madrid. Entonces decir aquí de Madrid era poco menos que decir de los Chirlos Mirlos. Tenía buena presencia, y mucho señorío postizo en los movimientos y en las palabras. De calle se llevaba a la gente. ¡Ladrón! La nena, tu tía, porque nena era en aquel tiempo, se prendó de él... ¡Y de qué manera se prendó! No veía con más luz que la de los ojos azules de aquel hombre. Le entregó su corazón y su alma de paloma; le entregó su vida. En este jardín se hablaban por las noches, sin otros testigos que yo... y Clavel, un perro que él traía. ¡Bien me acuerdo... y se me cuajan los ojos de lágrimas! Si aquello hubiera acabado como empezó... ¡qué gloria del mundo!... No sería así doña Clarines.
Marcela	¿Dice usted que se veían en el jardín?
Tata	En el jardín. ¡Qué discurrir el suyo por entre los árboles, cogidos de la mano! ¡Qué esquivar unas veces, por juego, los sitios donde la Luna daba, y qué buscar la Luna otras veces, por juego también! ¡Qué taparse las bocas de pronto, para atajar la risa, no los descubriera! ¡Qué despedidas allá en la verja, de cada vez más largas, sin encontrar nunca la última palabra que habían de decirse! ¡Aaaaah!

	Cuántas veces tuve yo que llegarme a ellos y advertirles: «Que empieza a clarear.»
Marcela	Me ha hecho usted llorar, Tata.
Tata	El caso no es para reír ciertamente. Pues escucha: una noche de aquéllas, duró la despedida más tiempo. Cantaban las alondras cuando él se fue. «Hasta mañana» —le dijo. Yo lo oí. Y no volvió más.
Marcela	¡Jesús!
Tata	¡Ésa fue su hazaña!
Marcela	¡Qué espanto!
Tata	A la noche siguiente, cuando le esperábamos como todas, vimos llegar a la verja al pobre Clavel. Venía Solo. No quiso seguir a su amo. ¡Qué lección! ¿Te parece? Aquí se quedó desde entonces. Cuando murió, lo enterré yo en el mismo jardín, allá junto a la tapia. Silencio. De lo que la nena sufrió nada he de decirte. No podría. Tú, que tanto quieres, y que la ves a ella, imagínalo. A la muerte estuvo. Y el mismo cambio que se hizo en sus cabellos, se hizo en su corazón. Es otra; otra.
Marcela	¡Dios mío! No sé qué pensar... Me estremece cuanto usted me ha dicho... ¡Pobre señora! Pero yo estoy segura, Tata...
Tata	¡Segura estaba ella!

Marcela	No, Tata, no; éste no es como aquél: éste es el mío. Y éste no miente; éste no engaña... ¡pero esta noche más que nunca necesito oírlo! ¿Vendrá usted conmigo al jardín?
Tata	No, nena; no bajes al jardín...
Marcela	¿Por qué no, Tata? Usted que fue buena entonces, séalo ahora.

¡Esta noche necesito oírlo!

En este momento sale Doña Clarines de sus habitaciones. La impresión que su presencia les hace a Tata y a Marcela, es grande.

Doña Clarines	Aquí las dos.
Marcela	¡Ah!
Tata	¡Señora!
Doña Clarines	Y las dos con llanto en los ojos. No me engañaron mis pensamientos.
Tata	Desconcertada. Creíamos que la señora estaba recogida ya...
Doña Clarines	Lo sé: pero desde mi cuarto vi que esta luz permanecía encendida, y pensé sin equivocarme: Habla con firmeza, mirando fijamente a las dos, y como si en la turbación de ellas hallara evidenciado lo que imagina. Allí están mi sobrina y Tata; y hablan del novio de Marcela; y Marcela le propone a Tata algo a que Tata se resiste; porque al decir Marcela el

                    nombre de su novio, tembló... A Marcela que intenta hablar. Y esto es por algo, que sabré sin que tú me lo cuentes. Pero, en fin, esta noche ha terminado toda conspiración. Podéis recogeros. Impidiendo cualquier respuesta. Sin decir palabra. Buenas noches.

Marcela	Hasta mañana, tía.
Tata	Hasta mañana, si Dios quiere.

Marcela se va por la puerta de la izquierda, y Tata por la del foro, mirándola sobrecogidas.

Doña Clarines	*Reflexivamente.* ¿Por qué tembló al decir el nombre?... *Queda pensativa.*

Acto segundo

La misma decoración del acto primero. Es por la mañana.

Doña Clarines, con velo a la cabeza, dispuesta para salir a la calle, está sentada. Don Basilio pasea.

Don Basilio	¿Vas a salir?
Doña Clarines	¿No lo ves?
Don Basilio	Observando si están enteramente Solos. Pues... antes...
Doña Clarines	Ah, sí. Saca de su portamonedas un duro y se lo da a su hermano. Toma.
Don Basilio	Afectando un sentimiento de dignidad herida. No puedo. ¡No puedo acostumbrarme!
Doña Clarines	¿Cómo?
Don Basilio	¡No puedo acostumbrarme! ¡Un Olivenza, un descendiente del señor de la Torre de Olivenza viviendo asalariado por su hermana! ¡No puedo acostumbrarme! Me quema la mano esta moneda.
Doña Clarines	Pues suéltala.
Don Basilio	Suspirando, después de mirar a doña Clarines y de guardarse el duro. ¡Ay, ay, ay!
Doña Clarines	Si el descendiente de los Olivenzas no hubiese despilfarrado la hacienda que le legaron sus mayores,

	emborrachándose cuanto ha podido con todo linaje de gentuza, otro gallo le cantaría.
Don Basilio	¡Un duro diario! ¡Ni siquiera el paquete de los treinta duros al mes! ¡Un duro diario! No hay manera de especular: compréndelo, Clarines.
Doña Clarines	Empecé dándote los treinta reunidos el día primero de cada mes, y el día cinco ya no tenías un céntimo. Tuya es la culpa de haber venido a parar a esta situación que encuentras bochornosa.

Sale Luján por la puerta de la izquierda. Trae sombrero.

Don Basilio	Dirigiéndose a él. ¡Ay, Isidoro; compadece a tu pobre amigo!
Luján	¿Pues?
Doña Clarines	Cualquier cosa dirá ese badulaque.

Se va don Basilio por la puerta del foro, hacia la derecha, como hombre que no puede con sus desventuras, y no sin amenazar a doña Clarines con un ademán que ella no ve.

Luján	Será mejor compadecerla a usted; ¿no, doña Clarines?
Doña Clarines	¿Y a mí por qué ha de tenerme usted compasión?
Luján	Creí... Extraño verla en plan de salir a la calle. No se la concibe a usted sino entre estas paredes.

Doña Clarines Si lo dice usted porque quiere que yo le diga dónde voy a ir, no me importa que usted lo sepa.

Luján Je...

Doña Clarines Todos los meses del año, tal día como hoy, acostumbro ir con Tata a las casas de algunos pobres a darles la limosna que puedo. Es gente que la necesita y que no la pide. Tiene el pudor de su desgracia. Por eso voy yo a visitarlos.

Luján Ya.

Doña Clarines Aguardo a Tata, que por lo visto se está emperejilando como si fuéramos a un baile. A la vejez, viruelas. ¿Y usted, va a ver a don Rodrigo?

Luján Todavía es temprano. ¿Le molesta a usted mi compañía?

Doña Clarines Ahora, no.

Luján Pues aprovechemos el momento.

Doña Clarines Siéntese usted.

Luján Muchas gracias. Lo hace. He de marchar de Guadalema mañana o pasado, y antes de marchar yo quisiera... Como sus costumbres de usted son tan respetables... ¿Usted me autoriza para que les haga un regalo a sus criados, que me están sirviendo a maravilla?

Doña Clarines ¡Pues no faltaba más! ¡Ya lo creo!

59

Luján	¿Me autoriza usted?
Doña Clarines	Sí, señor.
Luján	Ahí tiene usted lo que son las cosas: he tomado tantas precauciones temeroso de que fuera usted a ponerme como los trapos.
Doña Clarines	No había por qué. Cuando lo pongo de hoja de perejil es si se va usted sin darles nada.
Luján	¿Sí, verdad?
Doña Clarines	Y ellos conmigo, naturalmente.
Luján	Je...
Doña Clarines	Y vamos a ver, señor Luján; ahora que estamos Solos: ¿qué tal lleva usted el encargo que le confió mi hermano Basilio al llegar a esta casa?
Luján	¿A mí?
Doña Clarines	A usted.
Luján	¿A mí, señora?
Doña Clarines	A usted, señor. Y si no hemos de reñir de buenas a primeras, no finja. Mi hermano Basilio le encargó a usted que me observara, porque cree que yo estoy para que me encierren. O dice que lo cree.

Luján	Es cierto. Ya ve usted que no finjo. Pero, señora mía, conociendo a Basilio, jamás pude tomar al pie de la letra semejante disparatón.
Doña Clarines	Disparatón, no. Es moneda corriente en Guadalema. Y manía muy vieja en mi hermano, que hasta me ha escrito algunos anónimos a cuenta de ello. Así es que me reí de verdad el día que me habló de hospedarlo a usted en esta casa.
Luján	Ahora comprendo el recibimiento que usted me hizo.
Doña Clarines	Hubiera sido igual de todas maneras. Los huéspedes me enojan, y si los trae el borrachín de Basilio, mucho más. Todos salen hablando mal de mí; y no tiene gracia que yo encima les dé una cama limpia y bien de comer.
Luján	Turbado. Verdaderamente... eso no tiene gracia.
Doña Clarines	Lo que sí le debo advertir es que, a poco de hablar con usted, comprendí que su amistad con mi hermano era cosa de azar y no de analogía de caracteres. Lo considero a usted persona bastante más seria que Basilio.
Luján	Señora...
Doña Clarines	Ya sé que hay quien tiene la seriedad del burro; pero sin duda no se halla usted en ese caso.
Luján	¡A mí me parece que no!

Doña Clarines	Noto, en cambio de ello, en su carácter, una cualidad que me subleva; que no la puedo resistir.
Luján	¿Sabe usted que me está usted poniendo bueno?
Doña Clarines	Y ya que va usted a marcharse pronto, no se me ha de quedar entre pecho y espalda.
Luján	¿Qué cualidad es ésa, señora?
Doña Clarines	Esa frialdad constante, esa indiferencia, esa burla Solapada, esa resistencia de la voluntad a entrar en lo grave de las cosas. Yo no he visto nada más antipático.
Luján	¡Ay, mi señora doña Clarines! Yo tampoco quiero que eso se quede sin respuesta. Usted tiene temple de acero, y no por ello debe exigírnoslo a los demás. Yo un tiempo lo tuve: y fuí apasionado, y vehemente, y generoso, y terco, y liberal, y noble, y espontáneo; y entré en lo grave de las cosas, como usted dice, y solo donde latía la verdad, respiraba a gusto; y me embarqué, como el poeta, oyendo cantar el amor, y la libertad, y la gloria... y me pasó que aún tengo, también como el poeta, la ropa en la playa tendida a secar. Por eso, mientras se seca y la recojo, que va para largo, en el pueblo en que vivo y en lo más escondido de mi huerto, he plantado ese árbol que solo plantan en la tierra los hombres tan sabios como yo. Quién dice que es árbol de egoístas, quién de escépticos, quién de filósofos, quién de qué sé yo qué. Nada me importa el nombre: el árbol crece que es una bendición de Dios; con mi trabajo lo riego yo día por día. A mí ya me da sombra; a mi mujer flores

	para mi mesa... y para los santos en que ella cree. El fruto lo cogerán mis hijos. Puede usted y puede el mundo entero juzgarme como les dé la gana.
Doña Clarines	Yo mal, por de contado.

Se levanta y va hacia la puerta del foro.

Luján	Es que usted no pasa por movimiento mal hecho y yo sí. No soy ni quiero ser el brazo de Astrea. Allá cada cual con la joroba que Dios le puso en las espaldas.

Sale Marcela por la puerta del foro y se encamina hacia la de la izquierda, por donde se va después del breve diálogo que sigue.

Doña Clarines	¿De dónde vienes tú?
Marcela	Del jardín, tía. ¿Quiere usted algo?
Doña Clarines	Mirándola atentamente. Ahora, nada. Luego contestaremos a una carta que he recibido de doña Sebastiana, tu gran protectora.
Marcela	Pues hasta luego. Se va.
Doña Clarines	A Luján. ¿Por qué vino el hablar de estas cosas?
Luján	Porque usted empezó a establecer la diferencia entre su hermano y yo.
Doña Clarines	Ah, sí.
Luján	Basilio no habrá sembrado nada, ¿verdad?

Doña Clarines	¿Qué ha de sembrar eso? Ha despilfarrado lo que sembraron para él.
Luján	Pues ¿y su herencia? ¿Y sus propiedades?
Doña Clarines	Todo está en mi mano. Él lo ha ido vendiendo para sus francachelas y sus vicios... y el dinero que recibía lo daba yo sin que él lo supiera.
Luján	¡Ah, caramba! Pero ¿ya lo sabe?
Doña Clarines	Ya sí.
Luján	¡Por eso dice entonces, con gran frescura, que le ha triplicado a usted el capital!
Doña Clarines	No quería yo que fincas que fueron el recreo de mis padres cayesen en poder de gentes extrañas mientras yo estuviera de pie. Algo hubo, sin embargo, que no pude evitar, y que me costó una gran amargura. Tenía mi padre un caballejo, inútil ya por sus muchos años, pero muy querido y estimado por él, que vegetaba allá en el Molino. Pues bien: mi hermano Basilio, que tiene la maldad inconsciente de los majaderos, se lo malvendió a unos gitanos. Y el pobre animal fue a morir en la plaza de toros de Guadalema. Cuando yo me enteré de esta vergüenza y de este dolor, llamé á Basilio y le pregunté por el caballo que fue de nuestro padre. Vaciló un segundo en responderme, y le pegué una bofetada que le echó tres muelas fuera de la boca. ¿Hice bien?

Luján	Sin género de duda.
Doña Clarines	¡Pues ya ve usted por dónde me da a mí la vena de loca!
Luján	Ya; ya lo veo.

Llega Tata por la puerta del foro hecha un brazo de mar. Viene agitadísima.

Doña Clarines	¡Alabado sea Dios, mujer! ¿Vamos a los Juegos Florales?
Tata	No, señora; no vamos a los Juegos Florales. Me esperaba el regaño. Pero si me voy sin más ni más y no dejo arregladas las cosas, luego faltan, y se incomoda usted conmigo. Que tires para arriba que tires para abajo, Tata ha de pagar siempre. ¡Más harta estoy! Mire usted, señor don Isidoro...
Doña Clarines	No disertes, y vámonos a la calle.
Tata	Sí, sí, no disertes. Como que pensará usted que me he llevado las horas muertas delante del espejo poniéndome lazos y perifollos. A Luján. Lo que pasa aquí, señor mío, es que con este entrar y salir de criados —que no hay uno que dure quince días—, ha de servir Tata por todos ellos mientras no aprenden los gustos de acá. Y ahora tengo dos que van a condenarme. La una, la Daría, que es para un repente si Dios fuere servido. ¡Qué miedo tiene siempre la maldita! Remedándola. «Diga usted: ¿limpio los grifos de la fuente? Diga usted: ¿limpio la bola de la escalera? Diga usted...» ¡Jesús! ¡que no te vamos a

	matar, hija del alma! ¡Yo no sé qué va a sucederle a esa chica si no pierde el miedo! ¡Ave María!
Doña Clarines	Cállate, Tata; vamos ya.
Tata	No puedo, señora. Déjeme usted este desahogo. Pues ¿y el andalucito, que no sabe más que tomar posturas? Remedando también a Escopeta. «Oiga usté, paisana. Paisana, escuche usté. Paisana, la yave der despacho. Paisana...» Y se va a ganar un soplamocos con tanto paisana. Porque me lo dice por burla. ¡Pues más gracia tenemos las de aquí, y no la cacareamos tanto!... De manera que no es lo malo, ¿usted me comprende? lo que tengo que hacer, sino lo que tengo que enseñar. Tata, aquí; Tata, allá; Tata, acullá; ¡y a todo ha de estar Tata!
Doña Clarines	Pues ahora a lo que estás es a seguirme a mí. Ya has charlado bastante. Hasta luego, señor Luján.
Luján	Hasta luego, señora.
Tata	«¡Paisana!... ¡Paisana!...» ¡Ya le daré yo a ese paisanaje!

Doña Clarines se va por la puerta del foro, hacia la izquierda, y Tata la sigue. Luján se queda haciéndose cruces. Don Basilio sale por donde se marchó, y lo sorprende.

Luján	En mi vida he visto una casa más extraordinaria. ¡Lo que se va a reír mi mujer cuando yo le cuente!...
Don Basilio	¿Te estás haciendo cruces?

Luján	Sí, por cierto.
Don Basilio	¿Es que has hablado con mi hermana?
Luján	Un poco.
Don Basilio	Yo escurrí el bulto, ya lo viste. Y qué: ¿crees que es cosa perdida?
Luján	Siguiéndole el humor. ¡Ah, sí: cosa perdida!
Don Basilio	¿Ves tú? ¿Ves tú? Y me dicen a mí... Entusiasmándose. Lo que yo deploro... Porque yo... Porque tú... Porque yo podría darte detalles infinitos de las extravagancias de Clarines para ayudar tu labor científica... ¡Pero soy tan frágil de memoria! Se me olvida todo; se me va la cabeza...
Luján	Pues déjala ir.
Don Basilio	¿Cómo? Oye: y si yo... A ver qué opinas de esto.
Luján	Tú dirás.
Don Basilio	Si yo, que estoy observando a mi hermana constantemente, apuntara todo aquello que a ti te pudiera servir... ¿eh? todas sus rarezas... ¿eh? todas sus... ¿eh? ¿Qué opinas?
Luján	Que has tenido una inspiración. Disponiéndose a irse. No dejes de hacerlo.

Don Basilio	¡Quita allá! Si para mí es la cosa más fácil... Verás tú. Mostrándole un cuadernito que saca del bolsillo. En este cuaderno, donde no escribo más que coplas...
Luján	¿Coplas?
Don Basilio	Coplas, coplas.
Luján	¿Tuyas?
Don Basilio	Mías, sí.
Luján	Sorprendidísimo. Ah, pero ¿tú haces coplas?
Don Basilio	¿Ahora te desayunas?
Luján	Cogiéndole el cuaderno. A ver...
Don Basilio	Chico, para desahogar mi corazón. Como Espronceda cantó a
Teresa.	
Luján	Lee. «Muchacha que estás cantando...»
Don Basilio	Ah, ésa la hice ayer tarde. Trae acá. Recoge el cuaderno y le lee la copla a su amigo, explicándosela verso por verso. «Muchacha que estás cantando...» Y era verdad: había una muchacha cantando... «En la ventana de enfrente...» Que es donde estaba ella. Me asomé a mi balcón, la vi, y se me ocurrió eso. «No te asomes demasiado...» Porque hizo un movimiento hacia fuera, ¿sabes?... «Que te hará daño el

	relente.» Aquí al relente le doy una intención picaresca, porque estaba el novio en la esquina.
Luján	Ya lo he comprendido.
Don Basilio	¿Te gusta?
Luján	El cantar y las acotaciones.
Don Basilio	Je... Bueno; pues, digo yo que en este mismo cuadernito, para que no le choque a ella, como quien escribe una copla, puedo yo anotar, a fin de auxiliarte, todas las chifladuras de Clarines.
Luján	Y así no estarán Solas.
Don Basilio	¿Qué?
Luján	Que estarán con las coplas tuyas. Y te dejo, que me esperan allá.

Hasta después. Vase por la puerta del foro, hacia la izquierda.

| Don Basilio | Anda con Dios. Le ha caído bien la idea. Le ha caído bien. Le ha caído bien. Frotándose las manos. ¡Ah, doña Clarines, doña Clarines!... ¿Qué iba yo a hacer ahora? Mirando a lo lejos del jardín por los cristales de la galería. ¡Oh! ¡El héroe! ¡Ya está ahí el héroe! Apenas las ha visto alejarse... ¡Es listo el hijo de don Guillermo! Haciéndole señas. Voy; voy allá. ¡Ah, doña Clarines, doña Clarines!... Casa con dos puertas, mala de guardar. Vase por la puerta del foro, hacia la derecha. |

Queda la escena Sola un momento. Óyese ladrar a Leal, y sale Daría por la puerta de la izquierda, asustadísima.

Daría ¿Quién será ahora? Temblando estaba yo a que llegara alguien. ¡Me ha dicho Tata que no abra la puerta! ¡Jesús! ¡Ojalá sea un pobre, que con decirle «perdone usted por Dios», se sale del paso! Asómase a la mirilla. ¿Quién es? ¿Quién es? ¡No veo a nadie! ¿Quién es? ¡Nadie! ¡No es nadie! Cierra la mirilla. ¿Pues cómo ladró el perro? Va a irse. ¡Lo que me alegro yo de que no sea nadie! Vuelve a ladrar Leal. ¿Otra vez? ¡Dios mío! Asómase a la mirilla de nuevo. ¿Quién es? ¿Quién es? ¡Nadie!

Aparece Don Basilio por donde se fue, con cierto recelo.

Don Basilio ¿Qué haces aquí, Daría?

Daría ¡Señorito! ¡Estoy pasando un susto!...

Don Basilio ¿Por qué?

Daría ¡Porque ha ladrado el perro dos veces... y yo no veo a nadie en el portal!

Don Basilio Sí; le ocurre mucho. A lo mejor sueña que entra alguien...

Vete allá dentro.

Daría Sí, señorito.

Don Basilio Oye. A la señorita Marcela, que estará en su cuarto, dile que venga acá, que la llamo yo.

Daría	Bueno, señorito. Vase por la puerta de la izquierda.

Don Basilio se acerca a la del foro y hace pasar a Miguel que esperaba oculto. Miguel es un muchacho de noble y expresiva fisonomía. Su hablar es resuelto y vehemente. Viste con sencillez.

Don Basilio	Pase usted, Miguel.
Miguel	Muchas gracias.
Don Basilio	Era la chica, que andaba aquí. Había ladrado el perro y vino a ver quién era. Este perro, apenas olfatea gente extraña...
Miguel	Ya lo sé, ya. ¿Y Marcela?
Don Basilio	Al momento sale.
Miguel	¡Lo que yo le agradezco a usted, señor don Basilio, que nos facilite esta entrevista!
Don Basilio	Agradézcaselo usted a la casualidad de que mi hermana y

Tata hayan salido hoy. Si no, hubiera sido cosa imposible.

Miguel	Sí; pero a no contar con usted...
Don Basilio	Es que ya le dije a usted anoche que en mí tienen usted y Marcelita un aliado. Yo siempre estoy al lado de los débiles. Mire usted, amigo Miguel, la cuestión tiene dos aspectos.

Miguel	¿Dos aspectos?
Don Basilio	Uno moral y otro económico. En el moral, ni entro ni salgo. Si ustedes se quieren, harán, como en los cuentos de los chicos, nieblas de las montañas. Pero en el aspecto económico creo que tengo el deber de intervenir.
Miguel	No comprendo.
Don Basilio	Mi hermana está loca. Vox populi, vox Dei. La fortuna de esa niña se encuentra en sus manos. ¿Usted está tranquilo? ¿Está usted tranquilo? ¡Porque yo... no estoy tranquilo! Yo, no estoy tranquilo. Yo, no estoy tranquilo. ¿A qué engañarlo a usted? Mientras más amigos, más claros. Yo, no estoy tranquilo. ¿Usted está tranquilo?
Miguel	Francamente... me empieza usted a intranquilizar.
Don Basilio	Ahí se le fue la burra a su futuro suegro de usted, que en paz descanse. ¡Se le fue! No lo discutamos. ¡Se le fue! Lo de Clarines no es de ahora, ¡qué carape! Clarines tiene los cascos a la jineta hace mucho tiempo. ¿No estaba yo aquí, tan hermano suyo como ella?
Miguel	¡Claro!
Don Basilio	Sobre que, a mayor abundamiento, yo, querido Miguel, tengo grandes aficiones financieras. Siempre he especulado con éxito brillante. A la propia Clarines le he triplicado el capital.

Miguel	¿Ah, sí?
Don Basilio	Sí, señor. Hoy cuenta ella con un sin fin de propiedades que no tendría a no ser por mí.
Miguel	¿Hola?
Don Basilio	Como usted lo oye.—Aquí está ya Marcela. Pónganse ustedes de acuerdo en seguidita. No me gasten la pólvora en salvas. Y en la terracilla por donde hemos pasado lo espero a usted filosóficamente.
Miguel	¿Cómo expresarle mi gratitud, señor don Basilio?
Don Basilio	¡De ninguna manera! Es un deber mío, ¡qué carape! Vase por la puerta del foro hacia la derecha.

Sale Marcela por la puerta de la izquierda. Al ver a Miguel corre a él ansiosa de estrecharle las manos.

Marcela	¡Miguel!
Miguel	¡Marcela!
Marcela	¡Ya era hora!
Miguel	¿Qué tienes?
Marcela	¡El contento de verte aquí! ¿Y el tío?
Miguel	Ahí fuera, esperándome.
Marcela	¡Qué bueno! ¿Verdad?

Miguel	Tan bueno, que por él estoy a tu lado.
Marcela	Hemos de hablar mucho en poco tiempo.
Miguel	Sí.
Marcela	¡Dos días sin verte ni escribirte!
Miguel	Hasta el amanecer te esperé anteanoche en la verja.
Marcela	No pude bajar. Me sorprendió mi tía. ¡Si vieras! ¡Qué disgusto! Tata me contaba unas historias... ¿Me quieres tú mucho, Miguel?
Miguel	¿Y me lo preguntas, Marcela?
Marcela	Verdad. No me hagas caso.
Miguel	¿Sabe ya la tía...?
Marcela	No.
Miguel	¿Por qué no se lo has dicho?
Marcela	¡Ay, Miguel! No me atrevo.
Miguel	¿Por qué no?
Marcela	Porque estoy llena de temores.
Miguel	Pues hay que rechazarlos, niña. ¿Qué ley humana nos obliga a recoger un dolor sembrado por otros?
Marcela	Ninguna; pero ya estás viendo que es así.

Miguel	No lo será más tiempo. Resuelto estoy.
Marcela	¿A qué, Miguel?
Miguel	A presentarme a esta señora; a decirle mi nombre, si tú no se lo dices; a convencerla de que serás mía.
Marcela	¿Con quién vendrás?
Miguel	Yo Solo.
Marcela	¿Tú Solo?
Miguel	¿Qué remedio, si nadie se aventura a acompañarme? ¿si las inSolencias de doña Clarines ponen una valla entre la sociedad y yo?
Marcela	¡Ay, Dios mío!
Miguel	Vendré yo Solo: mi mejor compañía es este cariño que me lleva a ti.
Marcela	Que es muy grande, ¿verdad?
Miguel	Si el corazón de esa señora se estremece de odio al oír mi nombre, yo sé que el tuyo se estremece de amor.
Marcela	Sí.
Miguel	Vendré, vendré. No estoy dispuesto a consentir este secuestro tuyo, esta tortura de los dos, este ace-

	char las ocasiones para hablarnos traicioneramente. ¿Qué hicimos tú y yo, que mereciera este castigo?
Marcela	¡Ésa es mi pregunta! ¡De día y de noche es ésa mi constante pregunta!
Miguel	Pues la respuesta de ella no está más que en tu corazón y en el mío. Guadalema entera dice que doña Clarines es rencorosa, es loca. ¿Y qué? ¿Tú me quieres? Guadalema entera cree que yo saldré de esta casa escarnecido y avergonzado. ¿Y qué? ¿Tú me quieres? Guadalema entera afirma que al eco solo de mi nombre temblarán las paredes viejas de este caserón Solitario. ¿Y qué? ¿Tú me quieres? Pues si tú me quieres, todo lo demás es cosa sin fuerza ni sentido.
Marcela	Sí, Miguel, sí. Ahí está la única verdad: en que tú me quieres: en que te quiero yo. Necesitaba oírtelo decir así, ahora más que nunca.
Miguel	También lo sé: también lo he leído en tus ojos. Tu corazón no respira tranquilo en el aire que llena esta casa, que no es aire de primavera. Las historias de Tata la vieja te han hecho temblar...
Marcela	¡Miguel!
Miguel	Pues aquellas historias pasaron, y yo no he de juzgarlas al lado tuyo. Pero sí quiero que sepas que el amor no tiene en el mundo dos historias iguales, para que puedas confiar en que ésta nuestra no ha de parecerse a la que a ti te ha dado miedo. ¿Me crees?

Marcela	Te creo, sí.	
Miguel	Pues si me crees, no llores.	
Marcela	Lloro porque te creo.	
Miguel	Yo haré pronto porque me creas y rías a la vez. Adiós.	
Marcela	¿Te vas ya?	
Miguel	Sí: no quiero comprometer en modo alguno a este señor tan bondadoso. Pero cuando vuelva doña Clarines, volveré yo.	
Marcela	¿Sí?	
Miguel	Sí. Hoy acaba este suplicio intolerable: no lo dudes.	
Marcela	Por Dios, Miguel...	
Miguel	Por Dios, Marcela... ¿Es que quieres que siga?	
Marcela	No.	
Miguel	Pues fía en mí.	
Marcela	Ya no sé qué decirte. Me abandono a tu voluntad. Haz tú lo que quieras.	
Miguel	Yo no quiero más que lo que ha de devolver a tu corazón la calma perdida y a tu voz la alegría que siempre tuvo para mis oídos. Adiós.	

Marcela	Adiós. ¿Hasta luego?
Miguel	Hasta luego. Vase por la puerta del foro hacia la derecha.
Marcela	¡Cómo me quiere! Voy a verlo salir. Asómase a los cristales de la galería y mira con interés al jardín. Pausa.

Ladra Leal. Poco después sale Daría por la puerta de la izquierda.

Daría	Otra vez el perro. ¿Estará también soñando ahora? Abre la mirilla, mientras Marcela despide a Miguel con la mano. ¿Quién es? No: ahora no está soñando. Es la señora.
Marcela	Sobresaltada. ¿La señora?
Daría	Asustada con el susto de Marcela. La señora: sí. ¿Qué pasa?
Marcela	Nada, mujer.
Daría	¡Ah! Creí...
Marcela	Ábrele. Sin duda le ha sucedido algo.
Daría	¿Sí, eh? Tira del cordel para abrir y se va por la puerta de la izquierda, diciendo: ¡Pues no seré yo quien se lo pregunte!
Marcela	Intrigada. Es imposible... Ha vuelto muy pronto. No ha podido dar toda la limosna.

Llega rápidamente Don Basilio por la puerta del foro y se dirige con gran misterio a su sobrina.

Don Basilio	¡Por un pelo!
Marcela	¿Cómo?
Don Basilio	¡Por un pelo! Entrando ellas por la puerta grande, saliendo por la verja el otro. ¡Por un pelo!
Marcela	Pero ¿es verdad, tío, que ha vuelto más pronto que nunca?
Don Basilio	¡Dónde va a parar! ¡A saber si esto ha sido una trampa de ella! ¡Es más larga!...
Marcela	¡Silencio, que viene!
Don Basilio	¡Ah! Pasea silbando.
Marcela	Ha amanecido muy buen día, ¿verdad, tío Basilio?
Don Basilio	Muy buen día.
Marcela	No podemos quejarnos del tiempo.
Don Basilio	Ciertamente: no podemos quejarnos del tiempo.

Sale Doña Clarines por la puerta del foro. La sigue Tata

Doña Clarines	Pues va a llover.
Marcela	¿Cree usted que va a llover? ¿Vuelve usted por eso?

Don Basilio   ¿Te duele el tobillo?

Doña Clarines   No; pero cuando se está murmurando de una persona y se habla del tiempo porque ella llega, casi siempre llueve.

Don Basilio   ¡Y truena! ¡Qué carape! ¡La manía de que a todas horas hemos de murmurar de ti!

Doña Clarines   Como los dos tenéis el deber de hablar bien, por eso estoy segura de que habláis mal. Obedeciendo a un presentimiento. ¿Quién estaba aquí?

Sensación. Pausa.

Don Basilio   Nadie.

Doña Clarines   ¿Nadie?

Marcela   El tío y yo.

Don Basilio   Y quitándote el pellejo, según has advertido. Entre dientes. Cosas tenedes el Cid que farán fablar las piedras.

Doña Clarines, que viene de mal temple, se quita el velo y se lo da a Tata, en unión del portamonedas.

Doña Clarines   Tata.

Tata   Señora.

Doña Clarines   Lleva esto a mi tocador.

Tata	Sí, señora.

Éntrase por la puerta de la derecha.

Doña Clarines	Marcela.
Marcela	Tía.
Doña Clarines	Toma pluma y papel, que voy a contestarle a la señora de ahí enfrente.
Marcela	¿Ahora?
Doña Clarines	Ahora, sí. En la única casa a que he ido, me han puesto del humor necesario.

Don Basilio saca el cuaderno de sus cantares y afila la punta de un lapicero.

Marcela	Pues usted dirá. Siéntase ante una mesita 10 escritorio, y va escribiendo lo que la señora le dicta. A cada instante hace gestos de protesta y disgusto.
Doña Clarines	Dictando. «Señora doña Sebastiana Reguero. Muy señora mía: empiezo esta carta llamándole a usted señora dos veces, porque de alguna manera he de empezarla; no porque crea que usted lo es, ni lo ha sido en su vida.»

Don Basilio, apenas oye la primera andanada de la carta, silba inconscientemente, y se va escapado por la puerta de la izquierda dispuesto a anotarla en el cuadernito. Enseguida vuelve.

Marcela	¡Tía Clarines!
Doña Clarines	Pon lo que yo te mande, y no te asustes por tan poco.
Marcela	Tenga usted en cuenta...
Doña Clarines	¡Chist! «Quiere usted saber, y me lo pregunta en una carta ridícula, llena de impertinencias y de haches, por qué mi sobrina no va desde hace dos días a su casa, como antes iba. Voy a satisfacer su curiosidad en el acto, y con mejor ortografía desde luego.» Tú verás, niña, cómo escribes.
Marcela	Suspirando. ¡Ay!
Doña Clarines	«Mi sobrina no ha vuelto a su casa, porque nada bueno puede aprender ahí.» Don Basilio sacude los dedos y va a irse otra vez, pero se detiene. «Ha protegido usted, a espaldas mías, los amores de ella con su novio; lo cual, en neto castellano, tiene un nombre sonoro y rotundo. En medio de él puede usted colocar perfectamente una de esas haches que con tanta liberalidad prodiga.» Vuelve a irse don Basilio: esta vez por la puerta del foro. ¿Pero qué entrar y salir trae ese majadero?
Marcela	No sé, tía; no sé.
Doña Clarines	«Aquí daría yo fin a la presente, si hoy no hubiera sabido por un azar quién es el novio de mi sobrina.»
Marcela	Estremeciéndose y dejando de escribir. ¿Eh?

Doña Clarines	Dictándole con gran energía. «... si hoy no hubiera sabido por un azar quién es el novio de mi sobrina.»
Marcela	Pero ¿usted ha sabido?...
Doña Clarines	Escribe tú.
Marcela	Repitiendo la frase mientras escribe «... quién es el novio de mi sobrina.»

Don Basilio, que se ha puesto muy serio al oír esta revelación, se guarda el cuaderno y se sienta en un rinconcito a reflexionar.

Doña Clarines	«Pero como he sabido esto, debo añadirle a usted que sus manejos en este caso no revelan Solamente liviandad hipócrita, sino maldad muy grande.» Durante las frases anteriores pasa Tata, prestando oído a doña Clarines, y deteniéndose más de lo natural, desde la puerta de la derecha a la del foro. Tata.
Tata	Señora.
Doña Clarines	¿Quieres preguntarme si estorbas para contestarte que sí?
Tata	Señora, no he hecho más que atravesar de un lado a otro. No sé por dónde había de irme.
Doña Clarines	Chitón, y dile a Escopeta que venga.
Tata	Si está en casa; porque es muy volandero. Se va refunfuñando.

Marcela	¿Algo más, tía?
Doña Clarines	Nada más. Déjame firmar. Se sienta a ello. Así: mi nombre y mis dos apellidos. Yo no escribo anónimos, como algunos traidorzuelos de chicha y nabo. Marcela mira a don Basilio y éste no sabe dónde meterse. Doña Clarines guarda el pliego en un sobre y escribe en él la dirección. ¿Qué te ocurre, Basilio?
Don Basilio	¿A mí? ¡Nada! ¿Qué me ha de ocurrir? ¡Nada!
Doña Clarines	Levantándose. Lista. Ahora, sobrina, mira tú si tienes alguna otra cosa que ocultarme.
Marcela	Yo, tía...

Llega Escopeta por la puerta del foro.

Escopeta	Señora.
Doña Clarines	Escopeta, lleve usted esta carta ahí enfrente.
Escopeta	Leyendo el sobre. Señora doña Sebastiana Reguero. Ya sé. ¿Na más que dejarla?
Doña Clarines	Nada más.
Escopeta	¿Espero la respuesta?
Doña Clarines	No.
Escopeta	¿Ni tengo que desí ninguna cosita?

Doña Clarines	Ninguna.
Escopeta	¡Vaya por Dios! Me iba yo afisionando... ¿Y poné yo argo de mi cosecha?
Doña Clarines	¿Cómo de su cosecha? ¡Dios lo libre a usted! Aquí no se dice ni más ni menos que lo que yo mando decir. ¡Medrados estaríamos! Éntrase en sus habitaciones.
Escopeta	¡Me tocó la china esta vez! No hay más que aguantarse. A Tata, que sale por la puerta de la izquierda y cruza hacia la de la derecha, llena de curiosidad. ¡Paisana! ¡No entre usté, paisana! ¡Miste que hay rayos en la armórfera, paisana!
Tata	Volviéndose a él. ¡Oiga usted... militar: para ser yo paisana de usted, tendría que haber nacido en una lata de sardinas! ¡Chúpate ésa y vuelve por otra! Vase.
Escopeta	¡Es grasiosa esta vieja! Se va por la puerta del foro, hacia la izquierda, cantando. ¿Quién me ha de entender a mí?...
Marcela	Cuando se queda Sola con don Basilio. Tío.
Don Basilio	¿Qué quieres?
Marcela	Miguel va a venir.
Don Basilio	Me lo ha dicho.

Marcela	Pues esté usted abajo, y cuando llegue entérelo usted de todo esto.
Don Basilio	Eso... y oro molido que me pidas, ¡qué carape! Yo te quiero más que tu tía, aunque me llames el tío Carape. ¡Qué carape!
Marcela	Ande usted, ande usted.
Don Basilio	Descuida en mí, tontuela.

Don Basilio echa a correr por la puerta del foro, hacia la derecha, y Marcela va a entrar en las habitaciones de doña Clarines, a tiempo que de ellas sale Tata

Tata	¿Adónde vas, nena?
Marcela	A ver a mi tía, Tata.
Tata	Pues no está el horno para bollos.
Marcela	Tanto mejor.
Tata	¿Ah, mejor?
Marcela	Sí. Cuando llegue mi novio, que va a venir ahora, avísenos usted.
Tata	¿Que va a venir tu novio?
Marcela	Que va a venir, sí: con el tío Basilio. ¡Ojalá hubiera venido antes! Vase por la puerta de la derecha.

Tata	Santiguándose repetidas veces. ¡Santa Bárbara bendita que en el cielo estás escrita con papel y agua bendita, en el árbol de la Cruz, Padre nuestro, amén Jesús!

Sale Luján por la puerta del foro, y sorprende a Tata en su invocación.

Luján	Pero, señor, ¿qué sucede aquí?
Tata	¡Ay, señor Luján!
Luján	Al llegar yo, salía Escopeta con una carta que me dice que es un explosivo; ahora bajaba el otro las escaleras rodándolas materialmente; usted se santigua... ¿Qué es esto?
Tata	¡Ay, señor Luján! ¡Prepare usted el tambor, que hoy tenemos títeres!
Luján	¿Cómo que tenemos hoy títeres? Explíquese usted, Tata.
Tata	¡Doña Clarines lo sabe ya todo!
Luján	¿Todo?
Tata	¡Todo! ¡De lo más grave se ha enterado en la primera casa donde entramos a dar la limosna! Se lo dijeron sin querer hacerle mal ninguno: al contrario. Pero al oírlo se quedó blanca como la mesma nieve, aunque hizo por disimular. Y al salir de allí, fue, y me dijo: «Tata, vámonos a casa.» Y acá volvimos sin chistar. Nunca hasta hoy se ha dejado de dar la limosna completa.

Luján	¿Y Marcelita?
Tata	Con ella está ahora mesmo. Parece ser que como ya no hay tapujos que valgan, el novio va a venir a verla. ¡Qué turbamulta! ¡Milagro será que la señora no se meta esta tarde en el confesonario!
Luján	¿Qué dice usted? ¿En el confesonario?
Tata	Sí, señor: la señora tiene en su alcoba un confesonario, que fue de un abuelo suyo medio santo o medio profeta, y siempre que se ve en algún caso de conciencia que es grave, en él se mete y se está allí las horas y las horas.
Luján	¡Costumbre más original! Voy de asombro en asombro en esta santa casa.
Tata	Ello vino de que doña Clarines le descubrió una maca gorda al cura que la confesaba, y se la plantó con pelos y señales. El buen señor se incomodó tanto y más cuanto, y la señora entonces mandó limpiar y barnizar ese mueble antiguo, y en él se mete las veces que le digo a usted. Y cuando sale, señor Luján... ¡aaaaah!... son de oírse las másimas y las sentencias que echa por su boca. ¡Ni que el mesmo Dios se las dijera al oído!
Luján	Le aseguro a usted, Tata, que cada vez admiro más a esta buena señora.
Tata	¡Aaaaah!

Luján	Ya tenemos ahí a nuestro hombre.
Tata	¿Viene por el jardín? Asomándose a los cristales. ¡Aaaaah!
Luján	Yo aquí estorbo, Tata. Dígale usted a don Basilio que en su despacho estoy. Vase por la puerta de la izquierda.
Tata	Y Dios sea con todos, señor. Vamos a anunciar que está aquí el señorito. ¡Santa María de la Cabeza! Éntrase por la puerta de la derecha, haciendo gestos de tribulación.

Por la del foro llegan Miguel y Don Basilio

Miguel	Otra vez aquí. A fe que no sospechaba volver tan pronto.
Don Basilio	Ni yo que usted volviera. Pero, ya lo ve usted: con esta hermana mía no es posible atar dos cuartos de cominos.
Miguel	¿Marcela está con ella quizás?
Don Basilio	No sé... Es lo probable. Ahora lo veremos. ¡Ah! Una cosa que no quiero que se me olvide: ¡no se le vaya a escurrir a usted, por Dios, que ha estado aquí hace un rato!
Miguel	Pierda usted cuidado, señor.
Don Basilio	Nada más fácil. Comprenda usted con qué intención podré yo advertirle...

Miguel — Sí, sí...

Don Basilio — Le veo a usted muy nervioso.

Miguel — Mucho, no: un poco.

Sale Tata por donde se fue.

Don Basilio — A tiempo llegas, Tata.

Tata — Santos y buenos días.

Miguel — Buenos días.

Tata — La señora viene enseguida a hablar con usted. A don Basilio. El señor Luján le espera a usted en su despacho.

Don Basilio — ¿A mí?

Tata — A usted.

Don Basilio — Ah, pues voy allá. Esto es importante. Hasta luego, querido Miguel.

Miguel — Adiós, don Basilio.

Vase éste por la puerta de la izquierda, examinando el cuadernito de las coplas. Miguel, con aire preocupado, va de aquí para allá, mirando distraído la estancia. Tata lo observa melancólicamente. Pausa.

Tata	Muy para sí. Es verlo... es verlo... Esforzándose para hablar. ¿No se sienta usted?
Miguel	Gracias. No estoy cansado. Nueva pausa. ¿Lleva usted mucho tiempo con la señora?
Tata	Mucho tiempo. Con el pelo negro la conocí, y hoy lo tiene más blanco que el mío. Yo sé más que nadie de esta casa. Dispense, caballero; pero no puedo mirarlo sin llorar... Con permiso. Vase conteniendo el llanto por la misma puerta de la derecha.
Miguel	Impresionado. Es indudable: despierto aquí un pasado muy doloroso... El llanto de esta vieja es revelador. Nueva pausa. Ya viene.

Sale por la puerta de la derecha Marcela, seguida de Doña Clarines Ésta, al mirar a Miguel, no puede reprimir un movimiento de asombro, vivamente herida en su recuerdo. Pausa.

Marcela	Mi tía...
Miguel	Señora...
Doña Clarines	Adelantándose a la presentación que va a hacer

Marcela. No me digas su nombre: sé quién es. Vete tú.

Vase Marcela por la puerta de la izquierda.

Miguel	Señora... puesto que ya sabe usted quién soy...

Doña Clarines	¡Oh! Sin ningún antecedente lo hubiera sabido con solo verlo... Bien lo declara mi turbación, que impedir no he podido... No la extrañe usted, porque su presencia ha hecho pasar por mi memoria una ráfaga del dolor que destrozó mi vida... Se sienta y le invita con el ademán a hacer lo mismo. Pausa. ¡Pasó! Pasó ya. Hay algo más fuerte que la mujer más fuerte. Siéntese usted, si gusta.
Miguel	Obedeciendo. Mil gracias.
Doña Clarines	El esfuerzo de voluntad que necesito para olvidarme de quién es usted, es mayor de lo que yo creía: pero debo hacerlo, y lo hago. Tranquilícese. Ya no es usted más ante mí que el hombre que quiere á Marcela, ni yo soy más ahora que la persona a cuyo amparo vive. ¿Se sorprende usted?
Miguel	¿Por qué negarlo? Sí, señora. Era lo primero que venía dispuesto a pedirle a usted como gracia, y es lo primero que usted me concede sin pedirlo.
Doña Clarines	Otra cosa no sería justa.
Miguel	Tal creo. Siempre he pensado que si para toda culpa hay castigo, también hay perdón.
Doña Clarines	¿Y quién le ha dicho a usted que yo perdono?
Miguel	¿No es perdonar esto?
Doña Clarines	Nunca. Yo no perdono nunca: si acaso, olvido, o separo unas cosas de otras, como ahora he hecho. El perdón no está en mis costumbres. Creo que es

	inmoral. Por él viven y medran todos los malvados. Así se lo dije un día al señor obispo, y no ha vuelto más por mi casa. Ya volverá cuando me necesite. ¿También le sorprende a usted que yo no perdone?
Miguel	También; sí, señora.
Doña Clarines	Pero ¿a usted tengo algo que perdonarle?
Miguel	A mí, nada. No hablé por mí al hablar de perdón.
Doña Clarines	Pues de usted solo hemos de hablar aquí. Lo pasado a que usted quiere referirse, no lo borrará más que la muerte. Y yo no he de morirme en algún tiempo. Deseo vivir mucho. La muerte nos iguala a todos, y siempre me parecerá pronto para ser yo igual a otras personas. ¿Entiende usted?
Miguel	Entiendo.
Doña Clarines	Volvamos a usted.
Miguel	Sí, señora. Ya le habrá contado Marcela...
Doña Clarines	Sí, señor. Y no le he creído una palabra.
Miguel	¿Por qué?
Doña Clarines	Porque lleva tres meses en mi casa, y me ha estado engañando los tres meses. ¿Se le figura a usted poca razón para no creerla?
Miguel	Es que si Marcela ha ocultado... ha sido por un motivo muy explicable...

93

Doña Clarines	Muy explicable para usted, que no me conocía. Ella ha debido discurrir de otro modo.
Miguel	Es tan niña...
Doña Clarines	No es tan niña cuando quiere a un hombre.
Miguel	Declaro que ella Sola me ha contenido para dar este paso antes.
Doña Clarines	Peor que peor. ¿Y es cierto que nadie ha querido presentarlo a usted en mi casa?
Miguel	Es cierto.
Doña Clarines	¿Sabe usted por qué?
Miguel	Señora...
Doña Clarines	Dígame lo que sepa. Yo no tiemblo ante la verdad como la gente, porque siempre la llevo en los labios.
Miguel	Guadalema toda cree que usted me arrojaría sin oírme por las escaleras de su casa.
Doña Clarines	¡Gran sentido moral el de Guadalema!
Miguel	Guadalema entera cree que doña Clarines...
Doña Clarines	Siga usted.
Miguel	Cree que doña Clarines...

Doña Clarines	¿Es loca, no?
Miguel	Justamente. Yo también digo la verdad.
Doña Clarines	Dispense usted: la he dicho yo. Usted no se atrevía. Fama de loca gozo, sí, señor. Y muy bien ganada. Y la conservaré mientras viva. ¿No conoce usted cuál es mi locura? Pues llamarle al que roba, ladrón, y al que miente, embustero, y al que huye, cobarde, y al que engaña a una mujer, villano. Ésta es mi locura. Todos los locos tenemos una gran manía, y a mí me dio por aprender a conciencia el idioma. ¿Qué le parece a usted?
Miguel	Que yo por de pronto me felicito de esa gran manía. Tiemble ante las verdades de usted quien lleve sombras en la conciencia. Yo, siendo quien soy y como soy, la oigo a usted tranquilo. Califíqueme usted como merezca.
Doña Clarines	Es claro que lo haré. No había usted de ser la excepción.
Miguel	Verá usted que no soy más que un hombre que estudia y trabaja, y que está enamorado de Marcela.
Doña Clarines	Eso no le toca a usted decirlo, sino a mí averiguarlo.
Miguel	Se lo he dicho a usted para que cuando lo averigüe se convenza de que yo no miento.
Doña Clarines	Y yo le pido a Dios que así sea. Si lo que quiere usted es la ventura de Marcela...

Miguel	Sí; eso quiero.
Doña Clarines	Yo también. Y siendo así, en lo mejor del camino hemos de encontrarnos.
Miguel	Y pronto, muy pronto.
Doña Clarines	Tal vez. No le quito a usted la esperanza. Pero ni me abandono ni me confío; porque yo mejor que nadie sé que la traición se esconde bajo las palabras más bellas.
Miguel	Señora, dejemos de hablar de mí para hablar de usted. A despecho de algo que no puede menos de herirme, yo no convengo con todos en llamar locura a lo que, para mí al menos, es cordura y bondad. Mis ideas cambian a medida que la oigo a usted, y a cada paso hallo mayor distancia entre el falso rumor callejero y lo que escucho de su boca. No es doña Clarines la que tengo enfrente, aquella que me pintaron en las casas de Guadalema. Y pienso que mientras ellos ahora mismo comentan con malsana fruición esta entrevista nuestra, suponiéndola a usted capaz de todo insulto para mi persona, usted es tan generosa que prescinde de lo que fue... y me juzga con serenidad y nobleza.
Doña Clarines	¡Ay, Guillermo!
Miguel	Miguel.
Doña Clarines	Con amargura. Miguel: es verdad. Si yo no perdono a quien ultraja, menos aún condeno a quien no tiene culpa.

Miguel	No toquemos más esa herida. Hablemos ahora de Marcela.
Doña Clarines	¿Para qué? Va usted a decirme de ella lo que ella me dice de usted.
Miguel	¿Qué le dice de mí?
Doña Clarines	Que es bueno, y que es bueno, y que es bueno.
Miguel	¿Y usted lo duda?
Doña Clarines	Con emoción. ¿Su madre de usted, vive?
Miguel	Sí, señora.
Doña Clarines	¿Y es muy buena?
Miguel	Muy buena es.
Doña Clarines	Ya. ¿Conoce a Marcela?
Miguel	La conoce y la quiere, y goza en verme tan enamorado.
Doña Clarines	¿Pero lo está usted mucho?
Miguel	Mucho. Sueño para ella una ventura tan grande que no quepa en el mundo. Conocí yo a Marcela cuando empezaba mi corazón a alborear al amor y a la vida. No he querido a otra mujer que a ella, ni ella ha querido a más hombre que a mí. No sé qué horas nos tendrá reservadas la vida, pero yo no las deseo

ni las concibo más felices que estas horas en que ella y yo, tejiendo ilusiones, llegamos hasta los días que vendrán y los forjamos tan dichosos como los que vivimos. Nuestro charlar es a veces de niños; a veces de locos... No sé... Si gozo, goza; si río, ríe; si llora, lloro; si canta, canto... Parecemos dos y somos uno...

Doña Clarines Con dolorosa angustia. Silencio.

Miguel ¿Qué?

Doña Clarines Silencio. Despiertan su voz y sus palabras en mis oídos un eco lejano, que no quiero volver a oír. Perdóneme, y llame a Marcela.

Miguel ¿A Marcela?

Doña Clarines Sí. Que venga con usted.

Miguel Siento, señora, que mis palabras de cariño...

Doña Clarines Porque son de usted, y son de cariño, no quiero volverlas a oír. Traiga usted a Marcela.

Miguel Voy por ella, voy. Respeto su dolor, señora... Su bondad me conmueve... Lloro y tiemblo de gratitud. ¡Esperaba de su boca palabras tan distintas!... Yo le aseguro a usted que nunca tendrá que arrepentirse de esta bondad con que me trata. Voy por Marcela ya. Vase por la puerta de la izquierda. Pausa.

Doña Clarines Mirando al cielo. ¡Gracias, Señor, que me diste la entereza que necesitaba para ser justa!

Salen juntos a poco Marcela y Miguel

Marcela	Tía.
Doña Clarines	Ven acá.
Marcela	¡Qué bien ha hecho Miguel en venir a verla!
Doña Clarines	Tan mal como tú hiciste en engañarme.
Marcela	Es que ya sabe usted que yo temía...
Doña Clarines	Temías, porque mentías. La mentira es siempre cobarde. Miguel no lo ha sido, y ahora se alegra de ello; porque ha visto al acercarse a mí, que las cosas no son como las gentes quieren que sean, sino como son.
Miguel	Así es. Y en vano será desfigurarlas.
Doña Clarines	Mal me conocen los que creen que yo soy capaz de llevar mi odio hasta el extremo de hacer con tu vida y con tu amor lo mismo que hicieron con los míos. ¡Dígalo usted así a los cuatro vientos por toda Guadalema! Y ahora, en secreto, para que no salga de los tres que aquí estamos... oídme a mí... que quiero que seáis muy dichosos. *Éntrase en sus habitaciones conteniendo las lágrimas.*
Marcela	¿Ves, Miguel, como es buena?
Miguel	Es buena, sí: para mí más que para nadie.

Sale Luján por la puerta de la izquierda. Lo sigue Don Basilio

Luján   ¿Y doña Clarines?

Marcela   Ya se fue.

Miguel   Y con los ojos llenos de lágrimas, por cierto.

Luján   ¿Vió usted nunca más extraña mujer?

Miguel   Nunca. De todos aquí, el más sorprendido soy yo.

Por la puerta de la derecha vuelve a salir Tata

Tata   Entre lágrimas. ¡Años hace que no llora como está llorando!...

¡Aaaaah!

Don Basilio   ¿Qué os dije yo? ¡Siempre pita por donde no se la espera!

¿Es loca o no es loca?

Tata   ¿Qué ha de ser loca, charlatán?

Don Basilio   ¡Tata!

Tata   ¡El loco, y el zascandil, y el botarate, y el borracho, es usted!

¡Tío Carape!

Don Basilio   ¡Che, che, che: que tus canas tienen un límite!

Tata	¡Sí, señor: pero no será el de teñirlas, que es el que han tenido las de usted! ¡Decir que es loca mi señora!
Don Basilio	¿Qué te parece?
Luján	Que tiene razón Tata.
Don Basilio	¿Tu quoque?
Luján	Si es loca o no doña Clarines, pregúntaselo a éstos. Por los novios, que cuchichean en un rincón, y que al oírlo atienden a sus palabras. No es loca, no. Es que vivimos respirando mentira, cogidos todos en una red de farsa y de disimulo, y la verdad, siempre la verdad, solo la verdad, acaba por parecer locura.
Miguel	Es cierto: la verdad parece locura. Como también es cierto que ahora estamos contentos todos, porque del odio ha triunfado el amor, y de la pasión la justicia.

Libros a la carta

A la carta es un servicio especializado para
empresas,
librerías,
bibliotecas,
editoriales
y centros de enseñanza;
y permite confeccionar libros que, por su formato y concepción, sirven a los propósitos más específicos de estas instituciones.

Las empresas nos encargan ediciones personalizadas para marketing editorial o para regalos institucionales. Y los interesados solicitan, a título personal, ediciones antiguas, o no disponibles en el mercado; y las acompañan con notas y comentarios críticos.

Las ediciones tienen como apoyo un libro de estilo con todo tipo de referencias sobre los criterios de tratamiento tipográfico aplicados a nuestros libros que puede ser consultado en Linkgua-ediciones.com .

Linkgua edita por encargo diferentes versiones de una misma obra con distintos tratamientos ortotipográficos (actualizaciones de carácter divulgativo de un clásico, o versiones estrictamente fieles a la edición original de referencia).

Este servicio de ediciones a la carta le permitirá, si usted se dedica a la enseñanza, tener una forma de hacer pública su interpretación de un texto y, sobre una versión digitalizada «base», usted podrá introducir interpretaciones del texto fuente. Es un tópico que los profesores denuncien en clase los desmanes de una edición, o vayan comentando errores de interpretación de un texto y esta es una solución útil a esa necesidad del mundo académico.

Asimismo publicamos de manera sistemática, en un mismo catálogo, tesis doctorales y actas de congresos académicos, que son distribuidas a través de nuestra Web.

El servicio de «libros a la carta» funciona de dos formas.

1. Tenemos un fondo de libros digitalizados que usted puede personalizar en tiradas de al menos cinco ejemplares. Estas personalizaciones pueden ser de todo tipo: añadir notas de clase para uso de un grupo de estu-

diantes, introducir logos corporativos para uso con fines de marketing empresarial, etc. etc.

2. Buscamos libros descatalogados de otras editoriales y los reeditamos en tiradas cortas a petición de un cliente.

www.ingramcontent.com/pod-product-compliance
Lightning Source LLC
Chambersburg PA
CBHW051347040426
42453CB00007B/456